ロジャー・フェデラー

ロジャー・フェデラー
FEDEGRAPHICA

マーク・ホジキンソン［著］

鈴木 佑依子［訳］

FEDEGRAPHICA
A GRAPHIC BIOGRAPHY OF THE
GENIUS OF ROGER FEDERER

Copyright © Mark Hodgkinson 2016
Japanese translation rights arranged with
Aurum Press Limited, a subsidiary of Quarto Publishing Plc
through Japan UNI Agency, Inc., Tokyo

Design: www.fogdog.co.uk
Infographics by Paul Oakley and Nick Clark
Printed in China

FEDEGRAPHICA

A GRAPHIC BIOGRAPHY OF THE
GENIUS OF ROGER FEDERER

目次

	プロローグ	10
1	テニス狂時代	16
2	モーツァルト VS. メタリカ	44
3	ル・プチ・ピート	70
4	囁きのようなフットワーク	88
5	きつく張られたガット	110
6	世界最強	132
7	バレリーナ VS. ボクサー	152
8	スウェーデンのミューズ	180
9	赤い封筒	212
10	よき夫、よき父、そして億万長者	238
	エピローグ	260

参考文献	264
謝辞	266
索引	267
データリソース	271
写真協力	271

彼こそが真の天才だ。
史上最高の選手だ。

ジョン・マッケンロー

プロローグ —PROLOGUE

ロジャー・フェデラーによる、選手人生半ばとなっての新たな試みは、西部劇で知られるアメリカの中西部で始まった。中西部一の遊園地「キングス・アイランド」があるオハイオ州シンシナティ市郊外メイソン市。広大なテニス場での練習中に起こった出来事だった。

　フェデラーは、2015年ウィンブルドン選手権以来1カ月ぶりのマスターズのため、ヨーロッパから到着したばかりだった。時差ぼけで頭も体も本調子ではなかったので、リンドナー・ファミリー・テニス・センターでの練習を一刻も早く終わらせたかった。フランス出身の練習パートナー、ブノワ・ペールも同じ気持ちだった。それでも二人が練習を続けていたのは、アシスタント・コーチのセベリン・リュティが説得したからだった。

　「この気温とコンクリートの感触に慣れるために、あと数ゲームだけでもやった方がいい」。リュティの進言にフェデラーはやむなく同意したが、「各ポイントをできるだけ短くして、真剣にプレーはしないけど、それでもいいか」と注文をつけた。そこには、サービスラインに届かないボールはハーフボレーで返すことも含まれていた。

意外にも、このような状況でかの有名な「SABR=Sneak Attack by Roger」（ロジャーによる密かな攻撃）またの名を「フェド・アタック」と呼ばれる新戦術が誕生したのだった。
　この戦術には大きな意味合いがあった。34歳になって間もないフェデラーが、ふざけているとも捉えられかねない大胆で革新的な方法を取り入れ、プレースタイルに変更を加えるということは冒険だった。グランドスラムが行われる4都市、メルボルン、パリ、ロンドン、ニューヨークから離れた、高速道路沿いにある閑散としたテニスコートにて、フェデラーはテニスへの果てしない愛のために大きな決断をしたのだった。
　フェデラーのプレースタイルは芸術的であった。特に、全米オープンが行われたアーサー・アッシュ・スタジアムで打たれた股抜きショット（ツイーナー）はとりわけ異彩を放っていた。いまでも、彼のどのツイーナー（ニューヨークではホットドッグともいう）が最も素晴らしいか話題に挙がるくらいだ。2009年全米オープン準決勝のノバク・ジョコビッチとの対戦でマッチポイントにこぎ着けたときのショットか、それとも、翌年の夏の前半にシードなしの対戦相手に対して打ったものか。いずれにしても、相手にロブを打たれ、通常のストロークを打つ時間がなくて苦し紛れに打った悪手である。しかし、そのロブを諦めてしまうとポイントを取れる可能性はゼロであるため、打たないよりはマシだった。
　一方で、2015年全米オープン前の夏に開発されたSABRの場合、通常のストロークで行くか、それともこのSABRを打つか、選択することができた。安全なのは、通常通りベースラインに立ってリターンすることだった。もう一方の選択肢は、それまでのレシーバーの常識を覆すものだった。対戦相手がサービストスした直後に、前方のサービスラインまで駆け寄ってハーフボレーでリターンし、場合によってはそこからネットまで詰め寄り、ボレーで攻めるという戦術だった。
　例のペールとの練習の際、フェデラーは半分ふざけてこのハーフボレーを打ち、いくつかポイントを取った。フェデラーは笑った。ペールもリュティも笑った。遊び半分のプレーはストレス発散にちょうどよかった。練習が終わりコートを後にしたとき、フェデラーは、そのハーフボレーのことについて、馬鹿げたことをしたとしか思わなかった。
　しかし、次の練習でも打ってみると、またもやポイントを取ることに成功した。彼にとって、このショットを打つことは難しいことではなかった。
　革新的だったのは、このショットを練習だけではなく、試合に持ち込んだことだった。

それは「試合(マッチ)で使ってみたら?」というリュティの一言がきっかけだった。フェデラーは「本当に?」と聞き返したが、リュティは真剣だった。「大事なポイントのときにこそ、SABRはいきる。使うことを恐れるな」

リュティに背中を押されたフェデラーは、テレビカメラも回っている満員のスタジアムでこのショットを試してみることにした。恥をかく可能性は高かった。うまくポイントを取っても馬鹿げていると言われるだろうし、ポイントを取れなかったらさらに酷評されるのは目に見えていた。リスクばかりだ。それでもフェデラーの気持ちは変わらなかった。

前月のウィンブルドンの結果は、ノバク・ジョコビッチが優勝、フェデラーが準優勝だった。トーナメントで最も印象深かったのは、決勝よりもアンディ・マレーとの準決勝でフェデラーのサーブが絶好調だったことだ。その試合では、彼は多くの称賛を浴びたが、それはやるべきことをやっただけのことである。彼が素晴らしいサーブを打つことは誰もが知っていた。しかし、このSABRは目新しいものだった。相手の予想を裏切り調子を狂わせる、革新的なショットだった。

同じくシンシナティにいた、マレーやジョコビッチをはじめとするフェデラーの対戦相手たちは、この新戦法にどのように対処すべきか考えあぐねていた。勝ち進む中でフェデラーはあることに気付いていた。試合開始後間もなくSABRを打つと、相手はいつまたそのハーフボレーが来るかわからないため、いつもの調子でプレーすることができないのだ。

フェデラーは、そのショットを計画的に使う必要があった。「そうしなければ、すべてのポイントを失うことになるかもしれない」と自分に言い聞かせた。遊びから生まれたショットだったが、それを武器にフェデラーは史上最高の選手となったのだった。SABRは、彼の野望、攻撃性、力強さ、そして独創性を体現したものだった。

数日後の全米オープンで明らかになったのは、このショットは対戦相手を戸惑わせるだけでなく、かつて活躍した歴代テニスプレーヤーたちをも戸惑わせるということだった。ジョコビッチのコーチ、ボリス・ベッカーは、SABRを「不行儀の一歩手前」と言い表した。1980年代にこのショットを打っていたら、「この無作法なスイス人に対して、間違いなくボディーショットを打っていただろう」と。ジョン・マッケンローも、サーバーに対して「侮辱的なショット」だと言った。

しかし、ジョコビッチ勢にとって実に面白くないことに、全米オープン会場のフラッシング・メドウズでは試合が行われていた2週間、このフェデラーの新戦法の話題で持ちきりだった。ベッカーは「過大評価されている」

と酷評したが、このショットが相手に戸惑いを与えているのは明白だった。仮にポイントを取れなかったとしても、試合中に何度か打つ価値は確実にあったのだ。

　挑発と紙一重のハーフボレーリターンは、対戦相手を困惑させるためには打ってつけだった。フェデラー自身もこの効果に驚きを隠せないでいた。テニスに対する姿勢、才能、リスクの取り方…。この一つのショットは、彼のテニス全体に影響を与えた。絶大とまではいかないだろうが、彼のテニスを十分に変えるくらいの影響力があった。

　フェデラーは、自問した。「このショット自体の成功確率は低いが、試合の流れを変えられる力がある。このような新しい大胆なプレーを取り入れることにより、これからどれくらいのことを成し遂げられるのだろうか」と。

　フェデラーの素晴らしさを一つのショット、一つのツイーナー、一つのSABRに絞り込むことは難しい。ノーベル文学賞受賞者でもある小説家J・M・クッツェーは、絶好調のフェデラーを「人間の理想を形にしたようなもの」と表現した。また、「まず、人は彼を羨む。その後、人は彼に憧れる。最終的に人は、彼を羨みも憧れもせず、（自分と同じ種の）人間がそこまでできることを誇らしく思うようになる」と絶賛した。

　アメリカの作家、デヴィッド・フォスター・ウォレスは、彼のことを「肉体であると同時になんだか光のようでもある生き物」と表現した。ウォレスは、「フェデラー的瞬間」について、「このスイス人がプレーするのをテレビで見ていると、自然と口はあんぐり開き、目は丸く見開かれ、他の部屋にいた妻が私の様子を見に来るくらい不可思議な声を出してしまうことがある」と言った。

　フェデラーの全盛期は、いまでもYouTubeで見返すことができる。いや、彼のプレーはYouTubeで見られるために存在していると言ってもいいかもしれない。ファンだけでなく、ときにはフェデラー自身も、携帯電話やコンピューターで自らの独創的なプレー集を再生したりしている。シンシナティで生まれたこの新しいプレーも、人々を虜にした。

　このショットは、ファンはもちろんフェデラー自身も興奮させた。その夏、彼は6年ぶりに全米オープンの決勝まで勝ち進んだ。決勝戦でジョコビッチ相手にベースラインに立ったフェデラーは、SABRを使うべきかどうか悩んだ。ジョコビッチがサーブする前の一瞬しか考える猶予は与えられなかったが、瞬間的にフェデラーは決めたのだった。

　「よし、やってやる！」と。

1 テニス狂時代
―CRAZY MANIAC

テニス史上最強の選手と謳われるロジャー・フェデラー。その凄さは、彼のサーブの一端からも垣間見られる。彼はサーブ一つで相手を意のままに操ることができる。いったいどうやって？　フェデラーがなぜ強いのか、どのようにして超一流選手にまでなったのか──。本章では彼の幼少時代にまで遡って、その秘密に迫る。

サーブの大部分、すなわちテニスは、いかに相手を欺き、意表をつくかで決まる。1990年代から2000年代前半に活躍したアンドレ・アガシは、あるときこう話した。

「ボリス・ベッカーのサーブは、彼の舌を見るだけでどこにボールが飛んでくるかわかる」

ベッカーはボールをトスする際、無意識のうちに舌を出す癖があり、その舌はサーブの方向を指し示すと言うのだ。アガシはその舌を「赤い矢印」と呼んだ。彼はその矢印のおかげで、ボールがベッカーのラケットを離れる前に動き出すことができた。嘘のような本当の話である。

そんな自らの無意識の行動によりプレーを妨害され続けたベッカーのエピソードは、フェデラーにある試みを思いつかせることになった。レシーバーに条件反射を植え付け、操ることである。このフェデラーの「秘密の」実験は大成功を収めた。ライバルたちは目前で行われていたにもかかわらず、何が起きているか理解できなかった。まさか、自分がフェデラーに操られているなんて気付きもしなかった。見る者が理解し意識して見なければ、その実験は認識することができないのだった。

フェデラーの「パブロフのサーブ」は、彼がテニス史上最大の進化を遂げたという証に他ならなかった。まだ若く、完璧主義者かつ短気な、ヨーデルとも金切り声ともつかない叫びを上げるだけだったスイスの一選手が、思想家・戦略家・巧みな操作者になったのである。フェデラーのボールトスは、あたかもパブロフのベルのように、対戦相手から自分が思った通りの条件反射を引き出すことができた。フェデラーの操るサーブは「パブロフの実験」である。ラケットとボールを使い、相手コートでサーブを待つレシーバーによだれを垂れさせるのだ。大観衆の前でプレーしているにもかかわらず、この実験に気付く者は一人もいなかった。

フェデラーの美しいテニスを見ると、それをロマンチックに表現したり、主に（もしくは純粋に）直感でプレーしていると信じたくなる。しかし本当の彼は、どの選手よりもプレー戦略を重視しているのではないだろうか。ATPワールドツアーとウィ

▶ フェデラーはすべてのサーブを同じフォーム、同じトスで打つことができる。

18　FEDEGRAPHICA

ンブルドン・デジタル・テレビ・チャンネルのリードアナリスト、クレイグ・オシャネシーは言う。

「ロジャーがパターン指向で、スコアによって採用するパターンを決めていると聞くと驚く人も多いだろう」。フェデラーの狙いは、サーブが「予測不可能だから行き当たりばったりでリターンするしかない」と対戦相手に思わせることではない。それよりも、どこにサーブが来るか予測できると相手に思わせておいて、違う場所に打つ方がはるかに効果的だ。つまり、フェデラーの動きを予測できる（もちろん、その予測が間違っていることが重要だが）と相手に思わせることである。

「彼は自分で決めたプレーパターンに忠実に従う。それらのパターンは、特徴的で見分けやすいものだ」とフェデラーのサーブを何年も研究したオシャネシーは言う。

> フェデラーは相手にどこにサーブが来るか予想させて、そことは違うところに打つことができる。"あのサーブが来る" と条件反射的に思わせる、相手をまるで "パブロフの犬" のようにして、試合を支配してしまうのだ

「パブロフの理論をテニスに当てはめて考えてみよう。なかには、散弾銃のように、ランダムにサーブすることが重要であると言う人もいる。しかし、それは効果的ではない。なぜなら、その戦法だと乱射しているだけで、自分で意図を持ってプレーしているわけではないからだ。その戦法だと、自分のプレーが最適なものだったか悩み、後悔することもあるだろう。また、次はどうすべきかわからず、大事なポイントで悪手を選んでしまうかもしれない。そのようなミスが積み重なると追い込まれることになる。それよりも、対戦相手をパブロフの犬のような状態にする方が効果的だ。あるベルを鳴らすと、『あのサーブが来る』と相手が反射的に予想するような状態である。そうすれば、相手の条件反射と思考を意図的にコントロールできるようになる」

オシャネシーは「ほとんどの選手は、自分自身に意識が向いており、その状態がプレーに悪影響を及ぼす」と説明する。だが、フェデラーは違う。

「ロジャーは相手の思考に入り込もうとする。彼の隠れた才能は、対戦相手がどのようなショットを予期し、何を考えているか、常に意識していることだ。多くの選手は、自分のストロークに集中し、とにかく自分が良いプレーをすることが最も重要であると思っているようだ。だが、その考え方は間違っている。確かに、初心者レベルのテニスでは重要だが、トップレベルになると話は違う。最も需要なのは、ネットの向こう側にいる相手のプレーだ。自分が良いプレーをするよりも、相手から悪いプレーを引き出すことの方が重要である。相手の思考を操って、こちらの思い通りに動かすことが大事なんだ」

しかし、ときには（2015年ウィンブルドンチャンピオンシップの準決勝のように）、フェデラーの対戦相手が何を考えているか（フェデラーでなくても）誰の目にも明らかなときがある。その日、センターコートにいた対戦相手のアンディ・マレーは、投げやりにコーチのアメリ・モレスモに「どうしろって言うんだ？」と言い放った。試合中の指導は禁止されているため、モレスモはその問いかけに答えることはなかった。しかし、もしそのような規則がなかったとしても、彼女はなんと答えられただろうか。

フェデラーのサーブは絶好調だったため、マレーが何をしても無駄だった。ビョルン・ボルグは、そのときの彼のサーブの調子を「過去約10年で最高だった」と称賛した。マレーは、「フェデラーとの数ある試合の中でも、あの試合のサーブはダントツだった」と脱帽した。これは、フェデラーが34歳になる1カ月前のことだった。その日、フェデラーはロッカールームにたどり着くまでの間、観衆の鳴り止まぬ拍手喝采を味わった。彼にとっても、それは初めてのことだった。それは、彼のサーブが試合の流れを決めるということの何よりの証だった。フェデラーのテニスには優れた側面が多々あるが、レシーバーをパブロフの犬化してしまうサーブはその中でも特別だった。そのサーブのおかげで、彼は記録的な数のグランドスラムタイトルを獲得することができたと言っても過言ではない。

　その夏フェデラーは、ドイツのハレからオール・イングランド・クラブまでで116のサービスゲームを連続奪取した。その後ウィンブルドンの準々決勝で、フランスのジル・シモンがその難攻不落のサーブを破ると、ロイター通信が「速報」として取り上げてビッグニュースになったほどだ。

　「サーブがどこに来るかわかる」という誤った感覚をレシーバーに植え付けるためには、本当の方向を知らせる動作がトスやサービスモーション中に現れないことが大事である。ベッカーの「赤い矢印」ほどわかりやすいものではないにせよ、多くの選手にはなんらかの癖がある。ほとんどのトップ選手の場合、彼らのボールトスの位置を研究すれば、かなりの確度でどこにサーブを打たれるかを予測することができる。

　例を挙げてみよう。右利き選手がデュースコートからサーブする際に、右側前方にトスした場合、クロスのサイドライン方向に打たれる確率が高い。このような知識をレシーバーが持っているのと持っていないのとでは、反応するための時間に、コンマ0数秒の差が出る。その差が、サービスエースとなるか、ダウンザラインのブレークとなるかの決め手となる。しかし、フェデラーは相手に隙を見せない。フェデラーのサービスモーションには、ヒントとなるような動作がないのだ。

　「ロジャーは、どのサーブも同じボールトスから打つことができる。サーブの精度も高いため、相手からすると非常に手強いサーバーということになる。ボールがどこに来るか予測できないままレシーバーがラケットを構えていると、反応する間もなくボールはオンザラインに決まってしまう」

　ラファエル・ナダルのコーチであり叔父であるトニー・ナダルはこう言って首を振った。「ロジャーのボールトスの際、レシーバーはヒントを見逃さないように、なんらかの手がかりを得ようと彼の動作を食い入るように見つめる。しかし、どの方向にサーブするにしても、いつもボールトスは同じだ。体の位置も同じだ。最後の瞬間にだけ違う動きをし、サイドライン側やセンターライン上、サービスライン上など、彼の思い通りのところにボールが打てる。他のプレーヤーと違い、彼にはレシーバーへのヒントとなる癖がないんだよ」

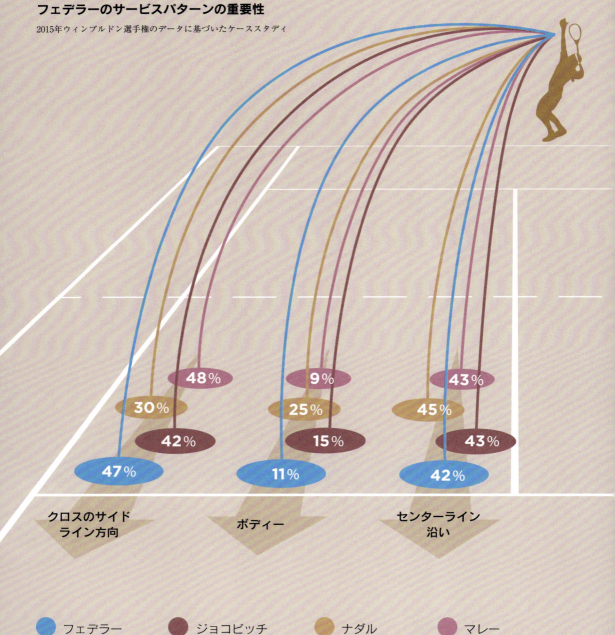

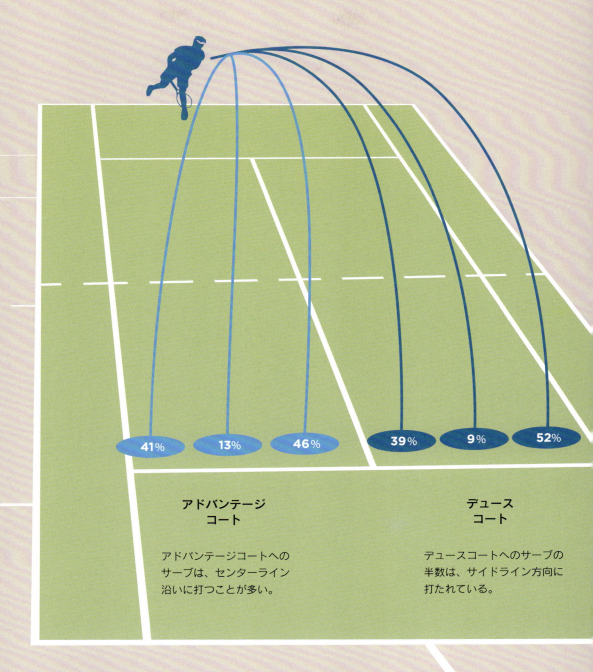

アドバンテージコート

アドバンテージコートへのサーブは、センターライン沿いに打つことが多い。

デュースコート

デュースコートへのサーブの半数は、サイドライン方向に打たれている。

◀ 前頁：フェデラーはテンポの速い試合を好む。サービスゲームを1分以内で勝ち取ることもあるほどだ。

　フェデラーが子どもの頃に憧れていた選手でもあり、いまは最も親しいテニス仲間の一人でもあるピート・サンプラスは言う。「ロジャーは強烈ではないが、ポイントを取るのに必要な、安定感のあるいいファーストサーブを持っている」
　フェデラーのサーブは、単体で見るのではなく、次のショットとの組み合わせとして捉えるといい。「ロジャーが素晴らしいのは、次のショットで自分が試合の主導権を握れるように、相手のリターンを自分が望むところに打たせられることだ。いいファーストサーブと、その次のショットの組み合わせで相手を制することができる」とオシャネシーは解説する。フェデラーはゲームの最初のポイントで、サービスコートのサイドライン側にサーブすることが多い。
　「それは、相手が右利き選手の場合、その選手のフォアハンドの方向に向かって打つということだ。サービスコートの左端にサーブを打ち、レシーバーに腕を伸ばして無理な体勢で拾わせる。そうすることで、通常は強みであるフォアハンドを弱みにするわけさ。相手はロジャーのバックハンドにボールを打とうとする。無理な体勢でなければ、ストレートにサイドラインギリギリに打つところを、体勢が悪くミスするリスクが高いため、コートの内側に少しずらして打つことになる。これは逆に言うと、ボールはロジャーから2mも離れていないところに来るということだ。結果、ロジャーは余裕をもって回り込み、攻撃力の高いフォアハンドを打つことができる。彼はこの戦術を多用していて極めている」

相手に無理な体勢で打たせることで強みとなるフォアハンドを弱みにする。サーブの調子がよいときは相手はコートの中央以外に打ち返す余裕はない

　フェデラーの調子がよく、彼の思い通りのところに打てているときは、対戦相手はコート中央以外に打つ余裕がない。そうなると、次のショットで勝負が決まる。フェデラーの典型的なワンツーパンチの完成だ。
　右利きサーバーにとって、アドバンテージコートのサイドライン側へのサーブが最も難しい。よって、多くの選手はセンターライン側に打つことを好む。しかし、フェデラーは違う。カウントが15−0のとき、彼は右利きレシーバーのバックハンドに向かってサーブを打つことが多い。2015年ウィンブルドン選手権中に打ったアドバンテージコートへのサーブの41％は、サイドライン側だった。この数値は他の選手と比べると、高い比率である。フェデラー曰く、相手のフォアハンド側に穴を作ることができる良い戦略とのことだ。
　さらに30−0になると、より面白い展開になる。オシャネシーは笑う。「これまでの流れから、相手はサイドライン方向にサーブが来ると思うようになる。そこでロジャーは、逆をつく。そう、センターライン方向にサーブを打つんだ。彼はスコアを念頭に置きつつ、対戦相手が何を予想しているか、つまり、ボールがどこに行くと思っているかを考えながらプレーするんだよ」
　もしロジャーが、試合開始後いくつかのサーブをサイドライン方向に打ち、パブロフの実験のような状態を作り出していた場合、センターライン付近に大きな穴が開くことになる。その穴、つまりサーブの的がビーチタオルサイズとなるか、おしぼり

> サーブが思い通りに決まっているときは、相手のセンターライン付近に大きな穴ができる。そうなれば、簡単にサービスエースを取ることができるようになる

サイズとなるかは、そのときのスコアと相手が何を予想しているかによる。相手がセンターライン方向にボールが来ると思っていて、カウントが15－40だった場合、的の大きさはおしぼりサイズだ。しかし、カウントが30－0で、そのゲームの最初の2ポイントをサイドライン方向にサーブを打っていた場合、センターライン付近にはビーチタオルサイズの穴ができる。その大きな的のどこに打ったとしても、サービスエースかリターンミスとなり、ポイントを取れる可能性は高いだろう。相手がミスせずにリターンできたとしても、その球に勢いはない。

サービスゲームの主導権を握れたら、フェデラーは第2パターンを採用する。「カウントが40－0の場合、ロジャーは自分が最も得意とするサーブを打つことはほとんどない」とオシャネシーは解説する。

「第2パターンを使って相手を混乱させようとする。それでポイントを取れなかったとしても、さほど問題ではない。テニスでは、同じ1ポイントであっても、場面によってその重さが異なる。自分が主導権を握ることができている場合、それまでよりも速いサーブやボディーサーブを打ったり、パターンを変えて打つことが多い。また、そのような場面では余裕があるため、通常は打たないアウトとなるリスクが高いカーブボールなどを打つこともある」

不思議と相手はフェデラーの企みに気付くことはない。彼はサービスゲームを1分以内で取ったりするので、その展開の速さが影響しているかもしれない。ティム・ヘンマンは、「フェデラーのサーブには、決まったパターンはない」と言い切っており、対戦から数年たったいまでも、フェデラーに巧みに操られていたことに気付いていないようである。

「明らかなパターンプレーであっても、当の対戦相手は何が起こっているか気付いていないことは非常に興味深い」とオシャネシーは言う。「次の球の予想合戦がロジャーのペースで進むと、彼を負かすのは至難の業だ。相手が気付いた場合、ロジャーはまたパターンを変えるだろう。しかし、いまだかつて、それが必要になったことはなかった。ほとんどの選手は気付かない。ロジャーは、テニスの妙味を理解しており、絶妙に調整することが非常に上手いんだ」

相手を欺く（操る）ためには、正確さが必要である。パターン戦略で相手を攻めようとしても、正確な位置にボールを打てなければ意味がない。フェデラーは、どこでも思い定めたところにボールを打つことができる。滑らかなサービスモーションのおかげで、サーブは非常に安定的で、ファーストサーブによるポイント獲得率は高い。「厳しい局面や大事なポイントで、ロジャーは必ず必要なところにボールを打つことができる」とナダルも舌を巻くほどである。

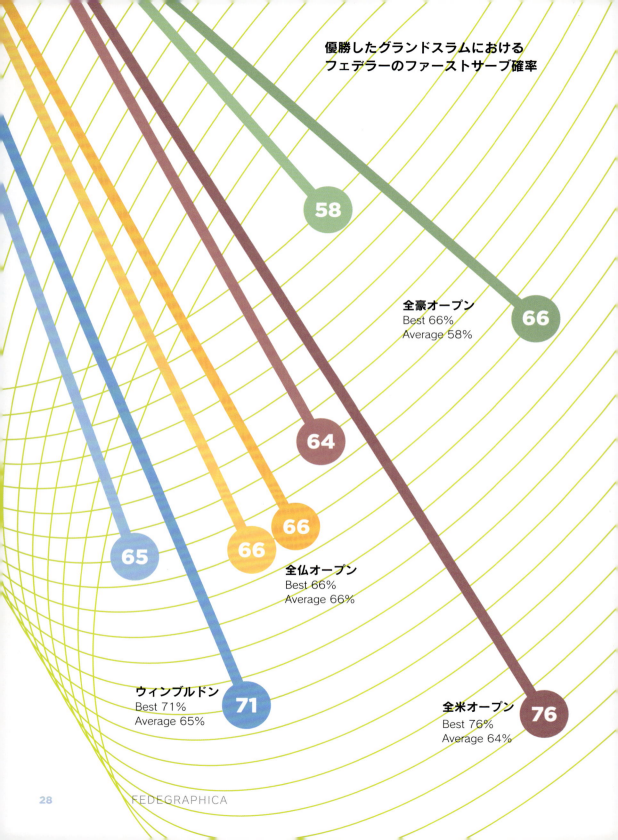

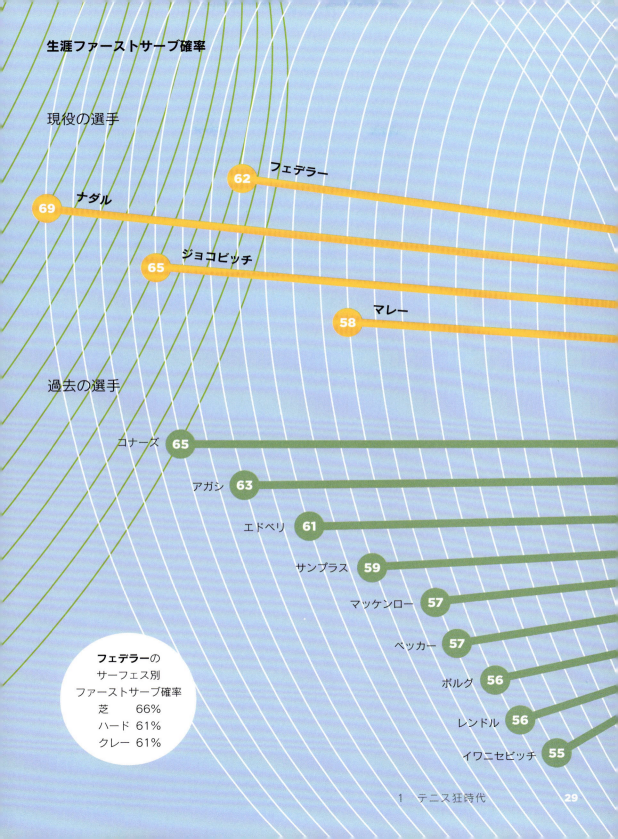

2010年の夏、全米オープン数日前のこと。フェデラーがスポンサーの撮影でのセットで、ふざけて14世紀スイスの伝説の弓の名手ウィリアム・テルのようなサーブで、男性アシスタントの頭に置いたステンレスの瓶にボールを命中させる映像がインターネットに流れた。実はそれは誰かが巧みに編集し作り上げた映像だったのだが、しばらくの間、多くの人はそれが本物の映像だと信じて疑わなかった。このエピソードは、いかにフェデラーのショットが正確かを物語っている。

　テニスというスポーツにおいて、強いサーブが人々を惹きつける。それはもしかしたら当たり前のことかもしれない。150マイル（241km/時）を超え、ときには160マイル（257km/時）に到達する速度で放たれるボールには、単純なわかりやすい魅力がある。163マイル（262km/時）のサーブを叩き出したオーストラリアのサミュエル・グロスのような選手にとっては、速いサーブを打つことがすべてである。しかし、フェデラーにとって（彼のサーブが他の選手と比べて遅いというわけでは決してないが）、速さはさほど重要ではない。2015年ウィンブルドン選手権のデータによると、選手の中でもベテランの部類に入るフェデラーのファーストサーブの平均は118マイル（190km/時）で、まだ20代のライバルたちより勝っている。セカンドサーブは、単純に力を緩めたものではなく、さらに回転力を増したサイドライン方向へのスライスサーブや相手の喉元を目がけたキックサーブで相手を攻める。

　130マイル（209km/時）のサービスエースがバックネットに当たる音は、誰にでもそうであるように、フェデラーにとっても大きな快感である。しかし、世界で何人の選手がその快感への誘惑に負けることなく、彼のように多くの「ソフトエース」を取ることができるだろう。フェデラーの「ソフトエース」は、壁に当たってもほとんど音がしない。彼のサーブの中で最も印象的なのは、英国ガーディアン紙がフェデラーの「最も輝かしい宝石」とも謳った、スローモーションエースである。

　2009年のウィンブルドン決勝戦で、彼は50のエースを叩き出し、同大会の決勝戦における記録を塗り替えた。そのエースの多くは、最大限の力を振り絞って打ったものだったが、一定数はソフトエースだった。彼にとっては、得点のために必ずしも速いボールを打つ必要はない。相手の予想を操り欺くことで、空振りさせることができるのである。

　「ボールの速度を落とすことで、コートの中に確実に入るボールを打つことができる。また、パブロフの実験の効果により、相手はそのようなボールが来るとは思っておらず、不意打ちをすることができる」とオシャネシーは指摘する。「彼がサーブをするときに、レシーバーはある方向に体を傾ける。その方向に体を傾けるということは、反対の方向は諦めることを意味する。そのような体勢で、予想と逆方向に球が来た場合、リカバーすることは不可能に近い。ロジャーがスローエースを打っているときは、本当に輝いて見える。そのエースが30–30で打たれたとしよう。彼は、そのエースを取るために、ゲームの最初のポイント以降、各ポイントのサービス位置を計画的に決めていたはずだ。そうやって大事な局面で主導権を握ることができるんだ」

▲ 子ども時代のフェデラー。バーゼルのテニスコートにて。

若い頃のフェデラーは、誰も想像できないくらい雄叫(おたけ)びを上げ、頻繁にラケットを壊していた。まさに癇癪持ちで"狂人"のごとく態度が悪かった

ロバート・フェデラーは、ロジャーの首根っこを掴み、息子の頭を道端に積もっていた雪に押し込んだ。

ジュニア・トーナメントからの帰り道でのことだった。顔を真っ赤にしながらその日の自らのプレーについて癇癪(かんしゃく)を起こすロジャーを助手席に乗せて山道を走っていたロバートは、突然停まり、車を降りた。そしてティーンエイジャーだった息子にも降りるように指示した。ジュニアには短気な選手も多いが、その中でも特に気の荒いのが彼の息子だった。その息子の頭を冷やすために、雪の中に頭を押し込むよりも効果的な方法はあっただろうか。

それまでフェデラーは、よく吠えたり、悪態をついたり、叫んだり、ラケットを投げたりしていたが、その冬の日、ついに父親の堪忍袋の緒が切れたのだ。「もういい加減にしろ！」。その後も何度も同じ言葉が彼の口から出ることになったが、ロジャーは決まってこう答えた。「酒でも飲みに行けばいいじゃないか。もう、放っておいてくれ」と。このときのフェデラーは、テニスに内側から蝕(むしば)まれているような感覚を感じることがあった。

フェデラーは、癇癪持ちだったかもしれないが、バーゼル郊外のミニ・マッケンローという表現は、あまり正確な表現ではない。まわりの、特に審判に対し怒り狂っていたジョン・マッケンローと違い、フェデラーの怒りは自分に向けられていた。彼は常に自分と戦っていた。幼い頃から、テニスコートで完璧なプレーをすることが可能であると信じきっていた。

彼はあるとき、怖いものとして、蜘蛛、蛇、スカイダイビング、ローラーコースターなどを挙げた。しかし、彼が本当に恐れていたのは、テニスコートにおける不完全なプレーだった。彼の言う「不完全」には、ポイントは勝ち取ったものの、満足のいくプレーができなかった場合も含まれるのだった。

後年、彼が自分の感情をコントロールできるようになり、複数のグランドスラムのタイトル保持者となったとき、他の誰かが癇癪を起こしていると、興味深そうに眺めることがあった。そのようなとき、彼はかつての自分を思い出していた。彼自身の記憶によると、当時の彼は「狂人」であり、「恐ろしく態度が悪かった」。当時もその認識はあったものの、自分を止めることができなかったそうだ。「いまの私からは誰も想像できないくらい、頻繁にラケットを投げ壊していた。練習からも叩き出されていた。プレー中にいまよりも無駄口を叩いた

1 テニス狂時代 31

り、叫んだりしていた」と振り返る。彼の態度に辟易したフェデラーの両親は、トーナメントに連れて行かないと脅かしたこともあった。

両親は彼に「一緒にいるところを見られるのが恥ずかしい」と告げたこともあった。というのも、彼は観衆の前でプレーしているにもかかわらず、平気で癇癪を起こすからだ。母親のリネットは彼に尋ねた。「テニスの試合で負けることは、そんなにとんでもない大惨事なの？」。彼の答えは、当然「yes」だった。試合に敗れると、彼は大量の涙を流した。

幼少時代のコーチのうちの一人、マデリーン・バーロッチャは、「試合で負けたロジャー少年は、10分以上審判席の後ろに隠れて泣いていた」と振り返る。バーゼルのオールド・ボーイズ・テニス・クラブを訪れ、彼にちなんで命名されたロジャー・フェデラー・コートに立つと、当時の彼の特徴的なスタッカートのようなスイス系ドイツ語、突発的な怒りの爆発、ラケットが何かに当たり壊れる音等、生々しい音がいまにも聞こえてきそうである。

フェデラーは、1981年8月8日に生まれた。彼が初めてテニスラケットを手にしたのは3歳のときだった。4歳になる頃には、ミスなしで30球ラリーをつなぐことができるようになっていた。フェデラー家のアルバムには、幼少期のロジャーがクレーコートに木製のラケットを持って立っている姿の写真がある。その当時も、彼のフォアハンドのテクニックには目を見張るものがあった。

彼がテニスを始めたのは、両親が勤めるバーゼル科学産業社（CIBA＝チバ）の福利厚生でメンバーとなっていたプライベートスポーツクラブでのことだった。その会社は、両親が出会った場でもあった。ロバートが南アフリカに数年間駐在していたときのことだ。彼は、当時秘書職を務めていたリネットと会社の食堂で出会い、二人は交際するようになった。ロバートが彼女にテニスというスポーツを紹介し、二人はデートでテニスをするようになった。二人ともクラブの中ではなかなかの腕前だったが、リネットの方がより才能があるようだった。

二人は一緒にスイスに戻り、結婚し、子どもが生まれた。二人の子ども（長女ダイアナと長男ロジャー）はテニスに親しむようになった。「夫と私は、週末はテニスクラブで過ごすことが多かったから、ロジャーはそこで自然とテニスラケットを握ったの。私たちもできる限り彼とコートでプレーするようにしていたわ」とリネットは語る。

歴代テニス選手の中でも最も素晴らしい選手が、最も典型的で平凡な環境で上手になったと聞き、安心する気がするのはなぜだろうか。中流家庭が集まる、バーゼル郊外の町、ミュンヘンシュタインにある自宅で、ロジャーは車庫の壁や台所の戸棚に壁打ちしながら、午後を過ごした。フェデラーはその当時を振り返って言った。

「毎日、ボンボンボンと同じ音ばかり聞き、母親はいつもうんざりしていたよ」

屋内で遊んでいると、物が壊れたりした。フェデラーがテニスをしていないときは、姉をからかって面白がっていた。

最速サーブ

ラファエル・ナダル
135マイル：217km/時 (2010 全米オープン)

ロジャー・フェデラー
136マイル：218km/時 (2007 全仏オープン)

ノバク・ジョコビッチ
137マイル：220km/時 (2007 インディアン・ウェールズ)

アンディ・マレー
139マイル：223km/時 (2011 シンシナティ)

サミュエル・グロス　最速サーブの世界記録
163マイル/262km/時

50マイル　　　　　100マイル

217マイル：349km/時
フェラーリのトップスピード

子どもの頃のフェデラーは決して集中力がある方ではなかった。しかし、才能は突出していた。何よりも非常に負けず嫌いだった

「私が友達と一緒にいると、大声を出しながら近づいてきたり、私が電話をしていると、他の受話器で盗み聞きしたりしていたわ」。姉のダイアナは言う。「彼は本当に悪ガキ（いたずら小僧、小さな悪魔）だったわね」

一方、テニスコートでのフェデラーは、向上心の高い悪ガキだった。8歳のとき、彼はオールド・ボーイズ・テニス・クラブでプレーするようになった。最初は、バーロッチャの下でグループレッスンを受けていたが、すぐにチェコ出身のセップリ・カコフスキーとプライベートレッスンを始めた。

「練習中のロジャーは常に集中力があったわけじゃなかったよ」とカコフスキーは回想する。「彼は、ボールを打っては『バン！ ボーン！ このショットでウィンブルドン優勝だ！』と声を張り上げていた。彼が打った球の中には、バウンドせずに、バックネットに当たった球もあった。ロジャーは私に、世界一になるんだと豪語していた。他にも同じようなことを言う子もいたが、ロジャーの才能は突出していた。ラケットを握ったまま生まれてきたのではないかと思うくらいだった。生まれ持った才能というものが彼にはあった。何年も指導してきたが、彼のような才能を持った選手は他に見たことがない。彼にショットの打ち方を指導すると、すぐにそれができるようになるんだ。他の子どもが数時間かかるものを彼はいとも簡単に瞬時にやってのけた。その当時もロジャーはひときわ優秀な存在だったよ」

フェデラーの最初のトーナメントは、彼が思い描いたような勝利ではなかった。彼は6－0、6－0、スイスでは通称バイシクル（自転車）と呼ばれる散々なスコアで完敗した。当時の彼は10歳で、3歳年上のリト・シュミードリとの対戦だった。リトはのちに、交通警察官になる。フェデラーが、3セットマッチ中、1ゲームも取れなかったのは、その試合が最初で最後だった。その日を思い返すシュミードリの頭の中では、異なる二つの声が言い争うのだった。

「一方の声は、『バカを言うな。彼はまだ幼い子どもだった。お前は彼よりも年上だった。リト、あの勝利は大して意味のない勝利』というものだ。あの日、彼と対戦できたことは、単純に幸運なことだったと捉えるべきかもしれない。他のどの13歳の子どもでも、彼に勝てただろう」。そう言いながらも、シュミードリは続けた。「もう一方の声はこう言うんだ。『でも、その10歳の子どももはあのロジャー・フェデラーだった。彼にただ勝っただけじゃなく、6－0、6－0で完勝したんだぞ』と。『あの日、ロジャー・フェデラーをバイシクルで帰らせたのは、俺だぞ』とね」

当然、その日のロジャーは涙を流した。親友のマルコ・チウディネリとプレーし、非常に感情的になったときと同じだった。親友同士でプレーしていても、マルコが逆転するたびに彼は泣いた。チェンジエンドの際に、彼は親友に宥められるのだった。逆にロジャーが逆転した場合には、役割を交代した。いままで宥め役だった方が今度は泣き、いままで泣いていた方の涙は乾いて、友人の肩に腕を回して宥めるのだった。

▲ フェデラーはマイアミで開催された、オレンジ・ボウル・ジュニア大会で優勝した。試合後には、大会記念品とともに、250ドルで脱色した新しいヘアスタイルで帰宅した。

　涙の合間に笑いもあった。フェデラーは幼い頃から、ユーモアのセンスがあった。

　ある日、コートでプレーすることになっていたときに、彼は面白がって近くの木に登り、隠れていた。コーチや友人たちが混乱し、彼を探している姿が木の上からよく見えた。「ロジャーは大声で笑ったものだわ」とバーロッチャは言う。「あれが、彼のお気に入りのいたずらだった」

　ときにはそのような笑いはあったものの、やはり彼のテニス練習と言えば、笑いから出た涙よりも、思い通りにいかずに出た悔し涙の方が多かった。当時の彼を知る人々は、そちらの涙の印象が強いと口にする。フェデラーにとって（また、テニス界の未来に発展にとっても）幸運なことに、彼はそれでも諦めることはなかった。毎日午後になると、オーストラリア人コーチ、ピーター・カーターのもとに自転車で通った。

　もう一つ幸運なことがあった。テニスは、押しの強い両親の存在によって痛手を負わされてきたスポーツだが（芸能プロダクションに子どもを入れている母親、ステージママよりはまだマシだが）、ロバートとリネット・フェデラーは子どもを利用して自ら叶えられなかった夢を叶えようとしたりはしなかった。むしろその逆だった。

　子ども時代のフェデラーは、テニスのために他のことをすべて犠牲にしたりはしなかった。彼はサッカーをはじめ他のスポーツもしたし、ピアノのレッスンにも通っていた。小学校も普通の学校に通った。ノイエ・ヴェルト小学校の先生は、彼のことを「集中力があった方ではない」と首をすくめた。テレジア・フィッシュバッハ先生は次のようにフォローした。「原因はロジャーの教室の眺めがよかったことよ。彼はよく、窓の外の誘惑に負け、空想に耽っていたもの」

　親子関係を最も早く悪化させ、ひびを入れる一つの方法は、母もしくは父が、天才的なテニス選手を指導しようとすることである。フェデラー家では、それはほとんど問題にならなかった。というのも、ロバートが息子にテニスを指導しようとしても、ロジャーは見向きもしなかったからだ。一方、リネットは、息子がマニュアル的なテニスでは収まらず、いろいろと新しいことを試そうとするのを見て、自分はそれを許容できないだろうと、最初からかかわることを諦めていた。ステージママのアンチテーゼであったリネットは、こう話した。「親のサポートや手引きなしでは、ジュニア選手は成功するのは難しい」

　しかし、リネットが言わんとしていることは、前出の押しの強い親とは異なる。

エース

フェデラーは、デュースコート（38％）よりもアドバンテージコート（62％）の方がエース数が多い。最もエースが多いのは、アドバンテージコートのセンターライン側へのサーブだ。

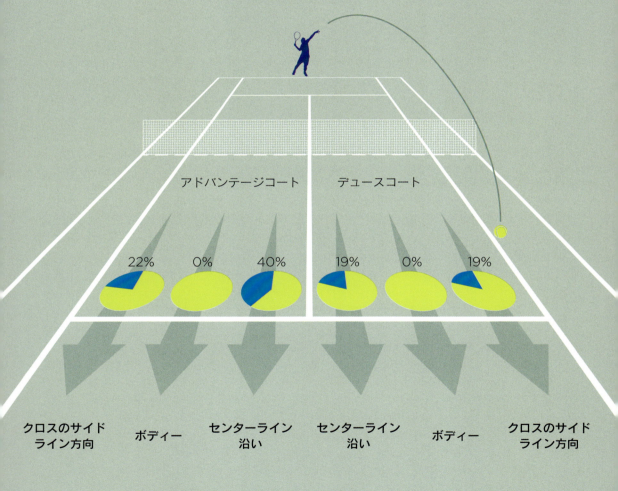

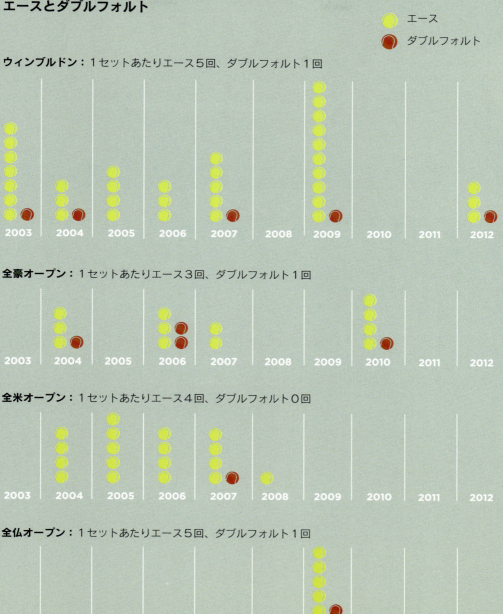

「両親は子どもの将来にあまり野心を抱かない方がいいと思う。親としての役目は、ジュニア選手が練習に行き、試合に同行し、やる気を出させ、必要なときには慰めること。最も大事なのは、テニスを楽しんでやれるようにすること。親として、どんなときにも子どもにプレッシャーを与えるべきじゃない」

ロジャーの両親は、何よりも彼の怒りの矛先を収めることに気を遣った。「ロジャーの態度が悪いとき、『そうすることによって、相手に勝つ隙を与えている』とよく言い聞かせました」とリネットは言う。「また、彼の態度により、私たち両親が嫌な気分になっていることも伝えました。だから、『ロジャー、頑張って自分をコントロールしなさい。しっかりしなさい』と言い聞かせました」

テニスクラブからの帰りの車の雰囲気は、2種類あった。一つ目は、家族で言い争いながら帰ること。その最も有名な例は、ロバートがロジャーの頭を雪に突っ込むために中断されたのだった。二つ目は、車内に気まずい沈黙が流れたまま帰ることだった。やがてリネットは、彼が泣くのはそれだけテニスのことを大切に思っているからだということに気付いた。彼の涙は、野心と、成功への断固たる意志を表していたのだった。

スイスでは、フェデラーが現れるまで男性のグランドスラムシングルス優勝者はいなかった。しかし、国としてテニスが進んでいなかったわけではない。マルク・ロセはオリンピック優勝者及びグランドスラムの準優勝者だった。ハインツ・ギュンタードとヤコブ・ラセクはそれぞれメジャーな試合で準々決勝まで勝ち進んだ。

フェデラーの視点から言うと、この状態が理想的な状況だったかもしれない。過去、スイス出身選手がある程度の功績を残していたため国内のテニス文化が維持されていたものの、「彼らのようにならないといけない」とプレッシャーや期待に押しつぶされそうになるほどではなかった。

フェデラーは幼い頃から、物理的に一流選手の近くにいた。フェデラーの自宅からそれほど離れていない、ザンクト・ヤコブ・アリーナでATPトーナメントが行われた。彼の母親は、運営ボランティアとしてそこで働いていた。ある年、フェデラーはボールボーイを務めた。世界の一流選手のためにボールを拾い、タオルを渡したのはそのときだけではなかった。スイス人として初めてグランドスラムシングルスを優勝したマルティナ・ヒンギスのためにボールボーイを務めたこともあった。古くてしわくちゃになっているが、オールド・ボーイズ・テニス・クラブにいまでも当時の写真が保管されている。「スイスには、とても良いシステムがあり、私たちはそのシステムの恩恵を受けた」とリネットは言う。

子どもに才能があると認められると、同年齢の子どもたちの中で、上から何人かが選ばれ、地域の良いコーチをあてがわれた。また、地元のクラブに素晴らしいコーチがいたこともとても幸運なことだった。

フェデラーは14歳のとき、さらに上達するためにはジュネーブ湖エキュブランのスイス国立テニスセンターに本拠地を移す必要があると考えた。フェデラーはこの決

▶ 子どもの頃、バーゼルの自宅の近所にあったザンクト・ヤコブ・アリーナでプレーする選手たちから刺激を受けていた。

断について、両親に伝えなかった。両親はあるテニス雑誌のインタビューでそのことを知ったのだった。

リネットは当時を振り返った。「私たちは親密な家族でしたが、ロジャーはテニスのために家族から離れて暮らすことを、早くに決断しました。私たちは彼に何かを強いることはせず、彼が自発的に伸びていくのを見守っていました。彼は若くして、次から次へと大きな決断をしていきました。それが彼の成功の秘訣かもしれません。彼はなんでも自分でやることを覚え、とても自立した人間に育ちました」

そんなフェデラーだったが、新しい地で全く問題がなかったわけではなかった。エキュブランに住み始めてから彼は、意思疎通に苦労した。エキュブランは同じスイスの中でもフランス語圏であったため、スイス系ドイツ語と英語しか喋らなかった彼には厳しい環境だったのだ。他の若い選手は彼に対して冷淡で、ドイツ系スイス人として冷やかしの対象にされた。そのため、テニスをしていないときは、ホストファミリーの家にある自分の部屋で、一人寂しくシリアルを頬張っていたと言う。

フェデラーは、エキュブランで味わった寂しさにつき、時折触れることがある。週末は自宅に戻り、日曜日の夜には、エキュブランに戻るために両親がバーゼル駅まで車で見送るのが恒例だった。その際、彼はいつも涙を流していた。エキュブランに移ることが両親の強要によるものだったとしたら、彼は反発し、戻ることを頑なに拒んでいただろう。しかし、その学校に行くことを決断したのは彼自身だったため、どんな目にあってもめげなかった。母親は、その短期的な試練は彼に多くをもたらしたと言う。

「エキュブランでの経験を通じて、ロジャーは人生において大切なことを学ぶことができました。なんでも自分の思い通りに行くわけではないということ。また、才能だけでは何も成し遂げることができないということ。何をするにも努力が必要であるということ。エキュブランは、ロジャーにとって楽しい経験ではなく、幸せな日よりも不幸せな日の方が多かったかもしれない。でも、そのときもがいたことが、のちの人生にプラスに働いていると思います。浮き沈みを経験し、それを乗り越えることは難しいことだったと思います。でも、その経験は彼を人間として成長させてくれました」

エキュブラン以降、フェデラーのテニスは速いペースで伸びていった。しかし、彼の感情コントロールの改善は同じペースとはいかなかった。エキュブランのあと、彼はベルンから車で北西に30、40分行ったところにあるビールの訓練施設に移った。その施設で、フェデラーが投げたラケットがヘリコプターの翼のように回転しながら宙を舞い、コートの後方にかけてあった真新しいカーテンを切り裂いた光景が、いまだに彼の脳裏に焼き付いている。彼はその罰として1週間、午前7時からトイレ掃除とコート清掃をさせられたのだった。

そのようなフェデラーの不安定な状態は、彼が国際試合に出るようになってからも変わらなかった。ボリス・ベッカーが言う。

「初めてロジャー・フェデラーの名前を聞いたと同時に、彼が短気であるというこ

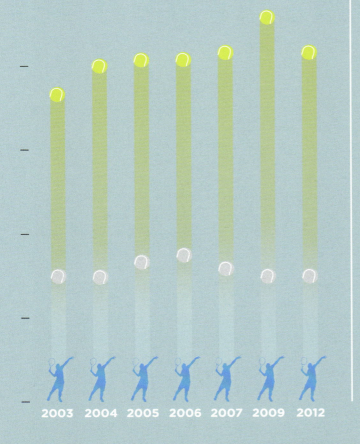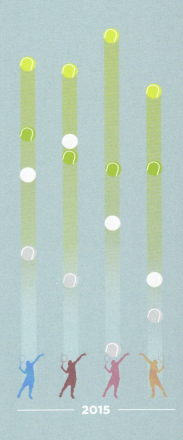

▶ フェデラーのフォアハンドの音は独特である。様々な力の入れ方、スピンのかけ方で誰とも違う音を出す。

とも聞いた。友人、ピーター・ラングレンに電話し、何をしているか尋ねたところ、彼はこう答えた。『いま、信じられないくらいすごい奴を指導している。スイス人で、短気でラケットを壊すとんでもない奴だが、本当に才能があるんだ』と。そのとき私は、彼は感情をコントロールする必要があると思った」

負け試合のあとは決まって、最低30分間、ロッカールームに閉じこもり涙を流した。その当時の自分を振り返るとフェデラーは「恥ずかしいね」と言った。

若かりし頃のフェデラーは、感情の安定を求め、何年ももがいていた。ティム・ヘンマンは話す。「ツアーにまだ参加し始めの頃、マネージャーが一緒だったため、彼のことを知るようになった。何回か一緒に練習や試合をし、彼は将来10本の指に入る選手になると思った。グランドスラムタイトルも射程圏内ではないかと感じた。彼は明らかに類い稀な才能の持ち主だった。ただ、そのときはまだ気性が荒く、感情の起伏が激しかった。また、練習の調子にも波があった。調子がいい日もあったが、悪い日もあった。いまは、彼のことをテニス史上最高の選手だと思うが、その当時はそうなるとは想像もしていなかった」

フェデラーは、世間的には自分が精神的に弱いと言われていることを知っていた。そのため、しばらくの間、精神科医によるカウンセリングを受けていた。「世間は私について、『精神的に強い方ではない』と言っていた」とフェデラーは振り返る。ときには、彼が手を抜いているのではないかと疑問視されることもあった。

当時まだ十代だった彼は、スイスでの小規模なサテライトトーナメントで手を抜いていると非難され、地元のタブロイドでも取り上げられたことがあった。また、2003年にグランドスラム初優勝した前年の2002年には、ドバイのハードコートにて行われたイベントで、全力を尽くさなかったため負けたのではないかと指弾されたことがあった。最終的には矛を収めたものの、トーナメント・ディレクターは、彼に出演料を払わないと言い出したのだった。フェデラーはこのような疑いをかけられ憤慨し、翌年ツアーに戻ってグランドスラムタイトルを奪取したのだった。

フェデラーがどのような態度でいれば、世間は満足したのだろうか。感情を出しすぎると、テニスコートの「悪者」として扱われた。感情を抑えてプレーすると、手を抜いているのではないかと疑われた。

実りのない練習のあとに不満を解消する一つの方法は、コーチのピーター・ラングレンとドライブに行くことだった。そのスウェーデン人コーチは、車のステレオでメタリカを大音量でかけ、大声で叫び、すべてを吐き出すようフェデラーに勧めた。その後、夜になるとフェデラーはうつ伏せに寝転び、頭を枕に打ちつけながら（本人はそれを「ヘッドバンギング」と呼んでいた）眠りにつくのだった。ラングレンは、そんなフェデラーを見て、「なんというストレスの塊なんだ」と思ったのだった。

激情でも絶好調のテニスをできるのは、ほんの一握りの選手しかいない。「ほんの一握り」というのは本当に一握りで、実のところ、一人しかいない。

彼の名は、ジョン・マッケンロー。そのマッケンローでも、自分自身の怒りによ

り破滅することもある。例えば、1984年の全仏オープンにてイワン・レンドルとの決勝戦で、2セットでリードしていたところを、カメラマンのヘッドセットからの音漏れに激怒した結果、逆転を許し、5セットで敗れたこともあった。

ほとんどのテニス選手は、怒りは自分の味方にはなり得ないことを理解するようになる。しかし、怒りをコントロールできるようにならないといけないと頭で理解していても、実際白熱した競技の場で落ち着いて振る舞えるかというと、それはまた別の問題である。フェデラーは、自分の短所を克服し、グランドスラムタイトルを獲得することに成功したが、どのように感情を手なずけたのだろうか。

最終的に彼を変えたのは、悲劇だった。恐ろしく悲惨な出来事が起こり、彼は変わったのだった。

通算サービスエース数9000本

2015年、フェデラーはゴラン・イワニセビッチ、イボ・カロビッチ、アンディ・ロディックに並ぶ、通算サービスエース数9000本を達成した。

1試合での平均サービスエース数

7.5
フェデラー

11
イワニセビッチ

11.5
ロディック

19
カロビッチ

2 モーツァルトvs.メタリカ
—MOZART VERSUS METALLICA

フェデラーのプレースタイルは古典的な優美さがある。米文学者曰く
「メタリカのコンサート中に、モーツァルトを口笛で吹こうとするようなものだ」と。
彼のプレーの多くは、彼が心から慕っていたコーチの教えによるものだ。
そこには、美しいバックハンドだけでなく、いまでは考えられないくらい
抑えの利かなかった感情をコントロールする方法まで含まれていた——

場 所はトロント、時刻は深夜12時前のことだった。ロジャーは市内を走っていた。彼はあまりの悲しみに自分を失い、赤い目で泣きわめいていた。タクシーを拾うことができず、ホテルへの道もわからず、がむしゃらに走っていた。

　フェデラーは止まりたくなかった。止まろうとしても、止まれなかったかもしれない。ホテルにたどり着くまでに1マイル走ったか、数マイル走ったか、それもわからなかった。フェデラーの21歳の誕生日の1週間前だった。それは癇癪持ちだった自分を克服し、初のグランドスラムタイトルをウィンブルドンにて勝ち取る2003年まで1年もなかった。彼はそのとき、初めて死というものと向き合うことになった。

　その夜、フェデラーはバーに座り、当時のコーチ、ピーター・ラングレンからの電話をずっと無視していた。まだダブルスの試合は続いていたものの、シングルスの試合ではすでに敗退しており、やさぐれていたのだった。無視し続けても、何度も電話がかかってきた。彼は仕方なく電話に出た。すると、彼の友人であり、幼き日のコーチであったピーター・カーターが新婚旅行で訪れた南アフリカで亡くなったとの悲報が伝えられたのだった…。

　ベースライン・スラッガーが横行するこの時代に、フェデラーの古典的なプレースタイルは、いまは亡きアメリカの文学者デヴィッド・フォスター・ウォレスによると次のようにたとえられた。「メタリカのコンサート中に、モーツァルトを口笛で吹こうとするようなものだ」と。

　人々は、フェデラーがどうしてそのような優美で繊細なテニスができるようになったのかと聞くが、そこには3つの要素があった。第一に才能、第二に努力である。そして最後の要素は、ピーター・カーターである。

　カーターは、アデレードの北に位置するワインの産地、バロッサ・バレー出身の元プロテニス選手だった。彼はテニス中心の人生を送り、世界中を飛び回っていたが、どのような人生のいたずらだったか、選手としてリーグに招かれ、バーゼルのオール

▶ ウィンブルドン選手権にてジュニアと男子両部門で優勝を果たした選手は過去4人いたが、フェデラーはその一人だ。

> フェデラーの技術のほとんどは亡きコーチ・カーターの教えによるものだ。勇猛果敢なサーブ・アンド・ボレーも美しい片手バックハンドもそうだ。フェデラーはいまも感謝の気持ちを忘れることはない

ド・ボーイズ・テニス・クラブに降り立ったのだった。二人が出会っていなかったら、ロジャー・フェデラーは、私たちが知るロジャー・フェデラーにはならなかっただろう。少なくともここまで勢いのある選手にはなっていなかっただろう。サーブ・アンド・ボレーを、いまのレベルにまで昇華することはできなかっただろう。精巧な片手バックハンドを確立できていなかっただろうし、その後「モダン・レトロ」と呼ばれるようになった、現代的な手法を取り入れた古典的なプレースタイルに仕上がっていなかっただろう。

フェデラーの技術のほとんどすべては、カーターの教えによるものだ。後年、カーターの両親、ボブとダイアナは、フェデラーのプレーの随所に亡き息子の面影を見つけ、慰めを見出した。フェデラーがサーブ・アンド・ボレーしたり、バックハンドでスライスしたり、変化に富むプレーを見せたりすると、彼らはピーターも似たようなスタイルでプレーしていたことを思い出すのだった。ボブ・カーターは言う。

「ロジャーのテニスを見ると、ピーターの教えがいきていると感じる。そう感じるのは私だけではないでしょう。私は、ピーターがロジャーの人生に貢献できたことを心から誇りに思っています。ロジャーは、私たちの誇りだ。ピーターは、ロジャーのテニスと人格形成に大きな影響を及ぼしました。彼らは親友でした。彼らが良い友情関係を築いていたことは嬉しいことです。でも、同時に悲しくもある」

フェデラーは子どもの頃、毎日カーターと一緒に過ごした。フェデラーはいまもカーターへの感謝を忘れない。

「ピーターには、何から何までお世話になり、感謝してもしきれない。彼は最初のコーチではなかったけど、真のコーチという意味では、そうだった。私と私のテニスをよく理解してくれていたし、私に何が必要かということもわかっていたんだ」

カーター自身のキャリアは、世界ランキング173位が最高だった。また、通算賞金は7万ドルを少々超える程度だった（いまは、グランドスラムで1、2試合勝つだけで、それを優に上回ることができる）。彼の古くからの友人であり、同じオーストラリア人のダレン・ケーヒルは、カーターがバーゼルのような田舎町に移住したことを知り、不思議に思ったそうだ。しかし、そのバーゼルでカーターとフェデラーは知り合ったのだ。ボブは、ある日息子が電話で、「将来とても特別な選手になりそうな子を教えている」と語ったことを思い出す。当時フェデラーは9歳か10歳だった。

数年後、フェデラーが13歳のとき、ケーヒルはカーターに会うためにバーゼルを訪れた。教え子とコーチの練習を見ていて感じたのは、フェデラーの「スイングスピードが速く、強いフォアハンドを持っており、打球センスがあるということ」だった。一方で、まだまだ完璧からは程遠いとも感じた。また、同年代の選手で、オーストラリア人のレイトン・ヒューイットの方がより有望であるとも思った。練習後、ケーヒルはカーターに言った。

▲ 最初の真のコーチであるピーター・カーターと。

　「あのバックハンドはバスが通過できそうなくらい大きな穴だぞ。見てみろよ。2回に1回はシャンクする（ミスヒットする）し、スライスをしようにもラケットが立つし、ステップも荒くなることが多い。体にボールが向かってきても、左に体をずらそうとしない」。それに対してカーターは、「そうだ。でも、彼は絶対上手くなる。そう思わないか？」と自信満々に答えたのだった。
　カーターは、フェデラーと過ごした時間の多くをバックハンドの改造に費やした。その当時、フェデラーは「自分は弱すぎる」「バックハンドでフラットもトップスピンも打てない」と感じていたため、スライスを多用していた。彼は、バックハンドでスライスを打つのが得意だった。
　他のコーチであれば、両手打ちに矯正していたかもしれない。もし矯正されてしまっていたら、ロジャーの真の実力は歴史の闇の中に失われていたかもしれない。しかし、カーターの指導方法は違った。両手打ちにはせず、細かい調整を繰り返し、片手バックハンドを維持するように指導した。
　その結果、いい球を打てるようにもなったが、それでも完璧からは程遠く、定期的にフォームの改善が必要だった。カーターは、バックハンドの打ち方だけでなく、様々なことを若い教え子に伝授した。フェデラーは思い返す。

2　モーツァルト vs. メタリカ

バックハンドスピン

フェデラーのバックハンドのスピンは、ライバルたちよりも多い。数値は、選手のバックハンドの最高回毎分。

ラケットスピードの単位：
回毎分（RPM）

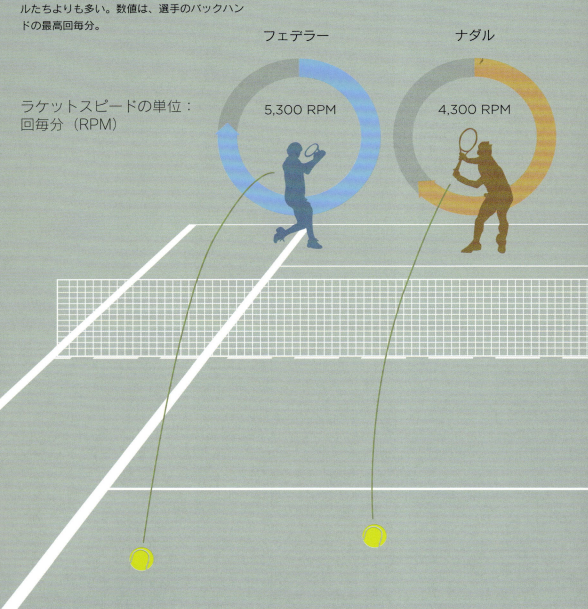

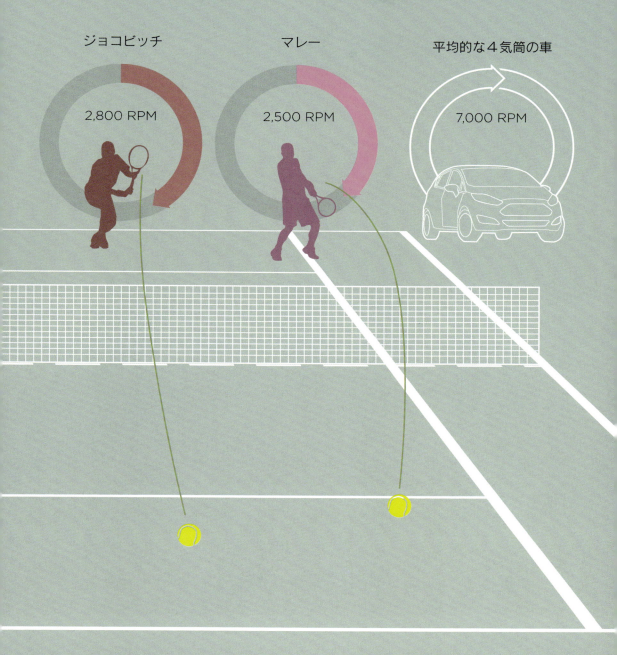

▲ フェデラーは、繰り返しバックハンドの調整をしてきた。キャリアを通して、改良し続けたバックハンド。

「"典型的なオーストラリアンユーモア"を持ったこの"落ち着いた"コーチは、自分の性格にまで影響を及ぼしていた」と。「オーストラリア人の特性が、自分のDNAの中に染み込んでいる」と言ったこともあった。

「労働倫理（勤労態度）は、オーストラリア人にとって大切だ。幼い頃にそれをピーターから学ぶことができて、自分のためになったと思う。彼は私の人格形成に大きな影響力を及ぼした。他人を尊重することが大事だと教えてくれた。相手が有名かそうでないかは関係ない。両親と同じように、彼も私に正しい価値観を教えてくれた。私の両親もピーターと親しかった。家族全員、ピーターと親しくしていた」

14歳のフェデラーがエキュブランに移ってから数シーズンは、ピーターとの関係は一時疎遠になった。しかし、フェデラーがエキュブランからビールの訓練施設に移ると、選手と指導者の関係は再開した。カーターは、この若く有望な選手と近しい仲だという理由で、スイステニス連盟から指導者としてビールに招致されたのだった。また、ウィンブルドン選手権で初優勝するときのコーチ、ピーター・ラングレンとフェデラーが出会ったのもこのビールでだった。

1998年、フェデラーはジュニア選手として開花した。ウィンブルドン選手権ジュニアのシングルス・ダブルス両部門で優勝し、全米オープンのジュニアシングルス部門で準優勝を果たし、ジュニア世界ランキング1位に輝いた。ウィンブルドン選手権

プロとしてトップを目指すために必要なコーチはラングレンだった。しかし、フェデラーはカーターにも側にいてもらうことを望んだ。そして、これからというときに悲劇は起こった

ジュニア部門で優勝した数日後、彼はATPワールドツアーに初参戦した。弱冠16歳だった彼は、ワイルドカード（主催者推薦枠）でスイス・オープン・グシュタードに出場した。山岳地帯のクレーコートで行われた1回戦で、アルゼンチンのルーカス・アーノルド・カーに敗れた。

1998年は、ATPツアーのうち4大会にワイルドカードで出場したが、そのレベルの大会で初勝利を収めたのは、トゥールーズにて行われたフランスのギョーム・ラオーとの試合だった。その後、彼は準々決勝まで勝ち進んだ。同年、バーゼルにてアンドレ・アガシとも対戦したが大敗。翌年、フェデラーは年間スケジュールに前年より多くの試合を組んだ。そのおかげか、結果が出るようになり、世界ランキング2桁にまで上昇した。少し前に、両親から「世界ランキング400位程度で小競り合いを続けるのであれば、もう資金援助はしない」と勧告されたばかりだったので、タイムリーだった。

これからプロとして歩み始めることになるため、コーチを選ばなければならない時期に差し掛かっていた。カーターかラングレンか。フェデラーを知る誰もが、彼の決断に驚いた。一番驚いたのは、カーターだったかもしれない。彼は選ばれなかったことへの失望感を懸命に隠そうとしていたものの、誰が見ても深く失望していることは明らかだった。ラングレンにあり、カーターになかったものは、世界トップレベルでのテニス経験だった。ラングレンは選手としてトップ25以内にまで登り詰め、ピート・サンプラス、アンドレ・アガシ、マッツ・ビランデル、イワン・レンドルなどを相手に勝利した経験があった。また、コーチとしては、フェデラーが尊敬するチリのマルセロ・リオスを指導した経験もあった。

この決断は、カーターとの友情を考えると、容易なものではなかった。しかし、フェデラーは個人的なしがらみにより判断基準を曖昧にしなかった。自分のテニスのために何が重要かを見極める力があるということが、この決断により証明された。フェデラーはラングレンとの仲はさほど親密ではなかったものの、このスウェーデン人コーチの方が、彼の将来のためにはいいと結論づけた。

とは言え、フェデラーはカーターにも近くにいてもらうことを望んだため、彼がスイスのデビスカップのキャプテンに就任できるよう懸命に関係者を説得して回った。その結果、デビスカップ初の外国人キャプテンが誕生したのだった。

カーターに妻のシルヴィアをサファリに連れて行くべきだと提案したのは、他でもない、南アフリカ生まれの母親を持ったフェデラーだった。二人は1年前に結婚していたものの、ホジキン病を患うシルヴィアの科学療法が終了するのを待っていたため、少し遅い新婚旅行となった。2002年7月31日は、二人でシルヴィアの誕生日を祝った。翌日の8月1日、カーター夫妻は別々の車でクルーガー国立公園近辺の道を通過していた。カーターは運転手兼ガイドとともにランドローバーに乗り、先を行った。シルヴィアは2台目の車に乗っていた。

2　モーツァルト vs. メタリカ

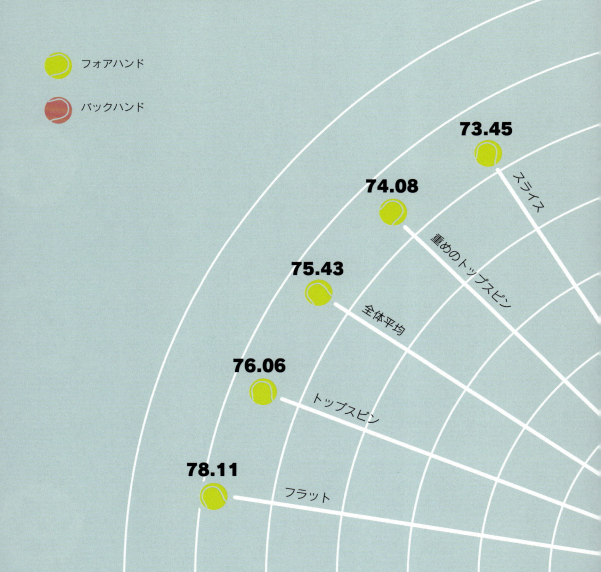

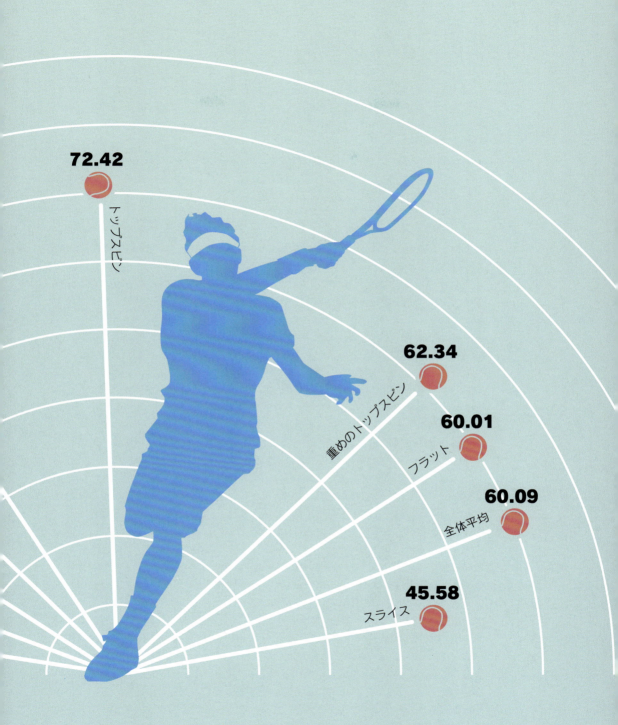

2　モーツァルト vs. メタリカ

前方からミニバスが現れたのは、突然だった。正面衝突を避けるため、カーターが乗るランドローバーの運転手は咄嗟にハンドルを切った。車は回転しながら土手を転げ落ち、逆さまに川の中に落ちた。警察の報告書によると、カーターとガイドは即死だったという。
　フェデラーにとって、この訃報は到底受け入れられるものではなかった…。

■

　ロジャー・フェデラーの片手打ちバックハンドが、何を意味（象徴）するか考えてみよう。優美なプレーとその裏の努力と苦労、そして向上心。これら相反する要素を見事にまとめ上げたのが、フェデラーの片手打ちバックハンドだ。
　ギャラリーは、フェデラーの試合に見られる「美しさ」に関心を寄せるかもしれない。当初はフェデラーも美しさを重視してきた。しかし時を経て、その考え方は変わってきた。
　ツアーに参戦し始めて間もない頃は、古典的で見栄えのいいショットを打つことに気を取られすぎていた。本来の目的を見失い、試合が手品のような見世物になってしまう危険性をはらんでいた。彼は、成功確率が高いショットよりも、技術的に難しいショットを選びがちだった。試合に勝つことと同じくらい、ハイライト集に映えるショットを連発することに神経を使っていた。これは彼のバックハンドについてのみならず、試合のすべてに関しても言えた。
　観客を感嘆させなければならないというプレッシャーを感じ、何回負けたことだろう。ピーター・ラングレンによると、長い間、フェデラーは自分のことを「芸術家」だと言い、自らの試合をビデオで繰り返し見ることを楽しみにしていたと言う。
　「実は、プロツアーに参戦し始めた頃、ツアーに新しい息吹を与えたい、自分にはそれができると勘違いし、技術をひけらかしていた」。また、「観衆を満足させなければならないと思っており、それが負ける原因となったことも少なくない」
　考え方が変わったいまでもフェデラーは、自分の芸術的なプレーを評価されることが好きだ。雑誌「ニューヨーカー」の取材でも次のように答えた。「私のプレースタイルは、片手打ちバックハンドを用いた、伝統的なものだ。美しいと言っていただけて嬉しい」
　とは言え、フェデラーは勝つことよりスタイルを重視しているということではないし、意図的に上品で優雅に見えるようにプレーをしているわけでもない。たまたま、"ビンテージ・スタイル"に見えるだけだ。一番大事なのは、彼のバックハンドとその他の要素が、対戦相手を破るためにどのように貢献するかだ。いまのフェデラーの場合、ブラッド・ギルバート流に見苦しいけど勝つか、美しく負けるかの選択肢を与えられた場合、必ず前者を選ぶだろう。勝つからプレーの美しさが称賛されているのであって、勝てなければ称賛されることはないのだ。

フェデラーのプレーを見て、時代を遡り、木製のラケットにフランネルのズボンを穿いてプレーしていたセピア色の時代にタイムスリップしたかのような気持ちに浸り、それと対比的な現代のテニスを見て、芸術性とずる賢さと魂が欠けていると批判することは容易い。しかし、それよりも大事なのは、そのビンテージ・スタイルが、モダン・スタイルを跳ね除け、押しつぶし、粉砕したということである。

　フェデラーは片手打ちでも成し遂げられることを世界に見せつけた。バックハンドを打つのに、なぜ両手が必要か。2015年にローラン・ギャロスでプレーした際に、苦し紛れに打ったショット以外に、フェデラーが両手でバックハンドを打ったことがあるだろうか。伝統的であることは、脆弱でめめしく容易に相手のペースに飲まれることと同義ではない。

　フェデラーのバックハンドが相手にとってやっかいで、観衆にとって魅力的に感じるのは、相手を完全に打ち負かしているときだ。そんなときは、フェデラーのバックハンドが努力の賜であることを忘れそうになる。

　ジョン・マッケンローは、フェデラーのことを「最も完璧な選手」と呼んだ。フェデラー神話の中心的な考え方は、「彼はあまりある才能のために、努力をせずにテクニックを身につけ、トップにまで登り詰めることができた」ということである。フランスのあるテニスライターはその神話を信じているようで、彼の腕前を「永久の奇跡」と呼んだ。しかし現実は、審美眼を身につけ洗練を纏うために、汗をかいて苦労をすることが必要である。

　プロに転向して間もない頃から、フェデラーのフォアハンドには破壊力があり、サーブやボレーでも相手にダメージを与えることができた。それらのショットはその後改良され、さらに強力なものになっていった。とは言え、彼のバックハンドに比べると微調整のようなものだった。

　フェデラーは、自身のバックハンドについて「キャリアを通して、改良し続けたショット」と表現する。ピーター・カーターはじめ歴代のコーチに感謝するのはもちろんのこと、彼のバックハンドを標的にし続けた対戦相手たちのおかげで、いまの片手打ちバックハンドに仕上がったと言っても過言ではない。ラファエル・ナダルなどに「100万回のバックハンド」で圧力をかけられ続けた結果だった。

　このスペイン人選手の自伝の、2008年ウィンブルドン選手権決勝戦でのフェデラーとの試合に関する記述を読むと非常に参考になる。彼はフェデラーのフォアハンドに打ったのは、「集中力が切れたとき」か「頭に血が上ったとき」だけだと言うのだ。それ以外はすべてバックハンドに向けられた。ウィンブルドンは芝のコートだが、クレーコートにおけるバックハンドへの攻撃はさらに強烈なものだった。回転速度が速いナダルのしなやかなフォアハンドが、フェデラーの最も苦手な位置、すなわち左の肩から耳のあたりを攻撃し続けるのだった。

　ラファエル・ナダルの叔父であり、コーチでもあるトニーは、現在のフェデラーのバックハンドを見ると努力の痕跡が見えると言う。

ジュニアとシニア両部門で優勝することの難しさ

ウィンブルドンでジュニアとシニア両部門で優勝した選手は数少ないが、フェデラーはそのうちの一人だ。

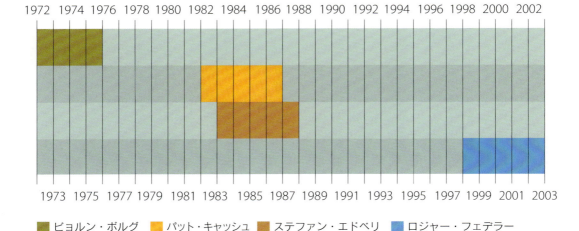

「ロジャーのバックハンドは強化され、ラファエルの攻撃にも適応した。クレーだけでなく、ハードでもグラスでも、ラファエルはロジャーのバックハンドを狙った。ラファエルが3回か4回ロジャーのバックハンドに打つことができれば、大抵の場合はラファエルのポイントとなった。最初の数試合はその戦術でいけた。しかし、その後ロジャーは対策を編み出した。コート上での動き方などを調整したんだ。彼は『いまの自分では不十分だ。バックハンドはこのままではいけない』と思い、改善が必要だと決心し、実行したんだ」

バックハンドを片手で打つことで、攻撃的なスライスを打つことができる。「ロジャーは世界で一番いいスライス技術を持っている。特に、サーブのリターンを返すときにそのスライスがいきる」と言うのは、フランス出身の選手リシャール・ガスケだ。ガスケ自身も片手バックハンドの選手で、若い頃は「ベビー・フェデラー」と呼ばれたものだ。

「私のバックハンドとロジャーのバックハンドの大きな違いは、彼はスライスという武器を持っていることだ。なんという才能だろう。球を打つときの研ぎ澄まされた感覚は、この世のものとは思えない」

サンフランシスコ在住のビデオグラファー兼アナリストのジョン・ヤンデルは、フェデラーのバックハンドスライスの回転速度は毎秒90回を超えており、テニス史上

どの選手のどのショットよりも回転速度が速いということを発見した。これは、ナダルやフェデラー自身のフォアハンドよりも強力なスピンがかかっているということだ。

ジョン・マッケンローによると、フェデラーのスライスは、対戦相手の頭に不安をよぎらせることができると言う。「彼は対戦相手が次の手を予想することを困難にすることができ、気の迷いを生じさせることができる」

また、ティム・ヘンマンも、フェデラーのスライスは、打ち合いのペースを変えることができるので非常に効果的であると評する。スライスを打つことでペースを遅くしておき、その後フラットショットやトップスピンショットを打ち、突然ペースを上げるのだ。「一度ペースを落とすことで、その次のショットのインパクトを強めることができるわけだ」

フェデラーは子どもの頃から、他のショットよりもスライスを打つのが好きだった。しかし当時から、そのスライスだけでは生きていけないということを知っていた。また、片手バックハンドの選手にとっては、安易にスライスに逃げる方が楽だが、その誘惑に負けず、相手により大きな不快感を与えるためにフラットや重いトップスピンを打つ必要があることも認識していた。

フェデラーが尊敬される山ほどあるうちの一つの理由は、相手にバックハンドを攻撃し続けられたときの不屈の精神である。彼は何があっても、退却しないのだ。時折ミスショットをすることがあっても、そのまま何事もなかったかのような勢いでスイングをし続ける。「いい片手バックハンドを持っていると、自然にスライスが出てしまうため、『右足を踏ん張り、攻撃し続けろ』と自分に言い聞かせる必要がある」とフェデラーは言う。

フェデラーは、自分の球筋が読まれることを最も嫌う。常に、相手にどのような球が来るかわからない状態にしておきたい。彼曰く、「プレーを戦略的に組み立て、いつでも複数の選択肢を取れるようにしておくことが重要だ。それが、相手にとって最も危険な状態だからね」。そして「いつも同じところを狙ってはいけない。試合の序盤に、どこでも狙うことができるということを見せておき、あとで大事な局面になったときに、どこにボールが来るか予想がつかない状態にしておくことが重要だ。バックハンドで、スライスも、トップスピンも、フラットも打つことができるので、できるだけいろいろな球種を織り混ぜるようにする。それと同時に、連続して同じショットを打つこともときには必要だ。それは、相手に安定性と正確性を見せつけ、自分に対する自信を高めるためだ」

フェデラーは練習で、他の選手のような両手バックハンドを試したことがある。しかし幸いにも、シングルハンドよりも窮屈で制約が多いと感じたそうだ。そのおかげで、私たちは彼の素晴らしい片手バックハンドを拝むことができている。両手打ちを試したことで、なぜ自分が開放的な片手打ちを好むか再確認することができたというのである。

議論の余地はあるかもしれないが、テニス史上最も優れたテニスコーチと言われるニック・ボロテリーによると、もしフェデラーが両手打ちだったら完全無敵だっただろうと推測する。
　しかし、その意見に強く異論を唱える者もいる。彼らは、もしフェデラーが両手打ちだった場合、タッチと球種に相当なデメリットがあったはずだと主張する。「もし彼が両手打ちだったら、勝利の数はいまよりも多いのではなく、少なくなっていたはずだ」とアナリストのクレイグ・オシャネシーは反論する。
　「テニス史上の偉大なボレーヤーを比較すると、ある共通点がある。それは、片手バックハンドであるということ。ボレーのためにネットに駆け寄る際、選手が一番注意しなければならないのは、正しいグリップになっているかどうかだ。片手打ちの場合、その最初のボレーを打つとき、グリップを気にせずに打つことができるし、両手打ちよりも容易にラケットを適切な角度に調整することができる。安定的にボレーを打てるんだ。確かに、アガシのようにコートの奥から強烈なバックハンドを打つことはできないが、それでもロジャーの方がいいバックハンドだと言えると思う」
　フェデラーのバックハンドについて興味深いのは、若手選手があまり手本としていないことだ。彼らはフェデラーのサーブやフォアハンド、フットワークまでも真似ようとするが、バックハンドを真似するのは非常に稀であり、いまだかつて見たことがない。彼らは皆、両手打ちを選ぶ。
　「驚くかもしれないが、ジュニアにとっては両手打ちの方が上達しやすい。片手打ちの方がしなやかで打球に広がりが出るんだがね。このままだと、片手バックハンドは徐々に消えていくしかない。現在頭角を現している選手を見渡しても、片手バックハンドの選手はいない」
　フェデラー自身も、「これからは片手バックハンドの時代ではない」と言うが、本当にその通りかもしれない。

■

　——あの夜、ラングレンからの電話でカーターが亡くなったことを聞くまで、ロジャー・フェデラーは死と悲しみを避けて生きてきた。いままで親しかった人を失ったことがなかったのだ。葬式にも参列したことがなかった。
　思い返すのも苦しいあの夜、ホテルに戻ったフェデラーは友人に電話し訃報を伝えたのだった。彼からの電話を受けた友人の一人は、そのときのフェデラーは完全に打ちのめされ、弱っていたそうだ。
　フェデラーがコート上で自分の感情をコントロールできるようになった理由の一説として、マラト・サフィン、壊れたラケット、そしてイタリアの放送局を取り巻くローマのある夜の常軌を逸した出来事が挙げられることもある。

◀ フェデラーは、開放的な片手打ちバックハンドを好む。

1ST MATCH

ATPワールドツアー初参戦
フェデラーは、1998年、ワイルドカードとしてクレーコートのグシュタード大会にてツアーデビュー。あえなくアルゼンチンのルーカス・アーノルド・カーにストレートで敗退。

1ST FINAL

初準優勝
2000年、インドアハードコートのATPツアー・マルセイユにて、スイスのマルク・ロセに次ぎ、準優勝に輝いた。

1ST TITLE

初タイトル獲得
2001年、カーペットコートのATPツアー・ミラノインドアにて、フランスのジュリアン・ブテーを破り、初優勝した。

▲ フェデラーは昔からバックハンドスライスを打つことが好きだった。

　複合スポーツ施設フォロ・イタリコのクレーコートにて開催されていた、2001年ローマ大会の2回戦を終え、ロッカールームに戻ったところだった。まだエンドルフィンとアドレナリン濃度が高く、フェデラーは興奮状態にあった。ロッカールームにはテレビが備えつけられており、先ほどの彼の試合について放送されていた。彼はてっきり、自分がどのようにファイナルセットタイブレークで勝利したかについて解説されているだろうと思っていたが、そうではなかった。画面に映っていたのは、ラケット破壊行為の特集だった。

　彼は最初はとても驚いたが、すぐに羞恥心に襲われた。フェデラーとサフィンが道具を投げ叩く行為は何度もリプレーされた。そのシーンを見ながらフェデラーは、この怒りと暴力をどうにかしなければならないと自分に言い聞かせたのだった…。

　これが、一説である。より信憑性がある分析によると、カーターの死亡という惨事がフェデラーのテニスに対する姿勢を変えたということだった。

　短期的には、フェデラーの調子は最悪だった。黒のアームバンドを着用した彼は、南アフリカのウェイン・フェレイラとともにトロントのダブルス準々決勝に出場し、オーストラリアのペア、ジョシュア・イーグルとサンドン・ストールと対戦した。その試合で負けたことは驚きでもなんでもない。その夏、フェデラーのシングルスの成績は不調だった。

　ローラン・ギャロス、ウィンブルドン、トロントでの開幕戦で敗退し、カーター死亡後にシンシナティとロングアイランドで行われたトーナメントでも、序盤に敗退してしまったのだった。このときのフェデラーには、急にテニスが些末なことに思えた。しかし、同時に、「自分の才能を最大限にいかすためには、人生をテニスに捧げ

> フェデラーはカーターを失った悲しみに比べれば、テニスで負けることなど大したことはないと思うようになった。彼が変わったのはそれからである

る必要がある」と、突然はっきりと見えたのだった。

母親のリネットによれば「その死は、ロジャーの身のまわりでは初めてのことだったので、彼は大きな衝撃を受けた。でもその経験が彼をより強い人間にしたわ」ということだった。

バーゼルで行われたカーターの葬儀に参列したオーストラリア人が、フェデラーの様子を話してくれた。

「誰も慰めることができないくらい、ロジャーは完全に打ち砕かれていた。葬式前も葬式中も、葬式後も絶えず泣いており、皆がその悲しさを感じ取った。その日、ロジャーを含む関係者何人かで集まり話していたときに、またロジャーの感情コントロールがなっていないと皆で笑ったことを思い出すよ」

フェデラーの後日談。「あのときの悲しみに比べたら、テニスで負けることはなんでもない。それまで悲しい出来事は避けるようにしていたので、葬式に参列するのはそのときが初めてだった。参列してよかったとは言えないが、最後にもう一度ピーターと気持ちを合わせることができ、ちゃんとした場でさようならを言うことができた。いまは、テニスにかかわることについては、気持ちも落ち着いてきているよ」

時が経つにつれ、フェデラーの周囲の人々は、彼が変化していることに気付き始めた。フェデラーは2002年のATPワールドツアーファイナルの出場資格を得た。初めて世界のトップ8のうちの一人に選出されたのである。「ピーターが亡くなり、ようやくロジャーは目を覚ました」とボブ・カーターは語る。「世界の頂点に登り詰めるためには、コートで落ち着いてプレーする必要があることに気付いたようだった」

翌年の夏、フェデラーはついにグランドスラムタイトルを獲得した。ボブは想像した。「もしピーターが生きていたら、皆で盛大な祝賀会をしただろう。どこかからピーターも見ることができていればいいのだが」

その数週間後、メルボルンのデビスカップにてスイスとオーストラリアが顔を合わせた。コート上では、フェデラーがレイトン・ヒューイットとのシングルスの試合でウィニングポイントを逃したことが印象深い。コートの外では、より重要な顔合わせがあった。フェデラーがカーターの両親と会い、ピーターに関する思い出を一緒に語り合ったのだった。ボブはフェデラーに言った。「ロジャー、君のベストを尽くせばそれでいいんだ。君はピーターのすべてだった。彼は君のことを特別な選手だと思っていたよ」と。

毎年、フェデラーはカーターの両親を全豪オープンに招待している。「我々の航空券、ホテル、車など、いつもすべてロジャーが持ってくれる。我々は彼のボックス席で観戦している」。そして試合の合間に、彼らはいつも思い出話をする。

2014年から2年間フェデラーを指導したステファン・エドベリは、選手時代、最も熱い展開のときにも落ち着き払っていることで有名だった。「頭を訓練すること」がテニス選手には大事である、とこのスウェーデン出身のコーチは信じていた。

2　モーツァルト vs. メタリカ

「テニスに対する姿勢を変えるのには時間がかかるかもしれない。以前、ロジャーはコート上で感情を抑えられなかったが、その後自分自信を落ち着かせる術(すべ)を身につけた。年を重ねるにつれ、テニスには多くの要素があり、思っていたよりも奥深いスポーツであり、精神面が非常に大事であるということに気付く」

昔は「狂人」だったということが想像できないくらい、現在のフェデラーは精神的な安定を保つことができている。「以前、ロジャーは精神面に大きな課題があったが、いまはプレッシャーに耐えることが上手になった」。元ウィンブルドンチャンピオンのゴラン・イワニセビッチは言う。「ある特定の場面で、彼が繰り出すショットは本当に見事だ。あのプレッシャーの中で、あのショットを打てるなんて。彼は繰り返し、信じられないような球を打つことができる。それがフェデラーだ。テニス史上最も才能のある選手だろう。彼はいままでそれを何度も実証し続けてきた。しかし、その才能を最大限に活用するためにはまず、精神面を鍛える必要があったんだ」

最近、ジョン・マッケンローはフェデラーについて、「痛ましいくらいリラックスしている」と表現する。一方、ジミー・コナーズは、「このスイス人選手は脈を打っているか不思議になることがある」と評した。ウィンブルドンの決勝戦が開始する5分前にロッカールームに行くと、「そこには、オフシーズンの練習試合前であるかのように落ち着き払ったフェデラーがいる」とアンディ・ロディックは言う。その安定感は、センターコートに出てからも続くのであった。

また、コートで負けたとしても、その気持ちを素早く消化することができる。元選手で現在はブロードキャスターを務めるメアリー・カリロはフェデラーのことを「病的なほど楽観的」であると表現した。彼の元コーチのホセ・イゲラスも頷いた。

「負けたあとに、頭を切り替えられる能力には感心した。2008年の全仏オープン決勝戦でナダルから4ゲームしか取れなかったことがあったが、そのときはロジャーよりも私の方が動転していた。同年、ロジャーがウィンブルドンの決勝戦でナダルに負けたときも私は非常に残念だった。一方、その夏絶好調だったナダルと対戦したフェデラー自身は、その負けにとらわれず、平静を保っていた。おかげで、その夏の後半に開催された全米オープンで、フェデラーは優勝することができたのだ」

フェデラーは、氷の男と呼ばれたビョルン・ボルグ以来の、洗練された、冷静沈着な選手となった。彼は火から氷に変身を遂げたわけだが、感情や熱意もなく何も考えずにプレーしているかと言えば、そうではない。彼の心が焼き尽くされたというわけでもない。

また、彼のことを単純化したり、短所が何もないかのように話すことも適切ではないと思う。本当の彼は複雑だし、興味深い人間である。フェデラーは、感情をすべて消したのではなく、感情をコントロールできるようになるまで、自己訓練を続けたのだ。それが彼の素晴らしさである。怒りはまだそこにあるが、奥深くに埋められているのだ。

あまりにも冷静に見えるので忘れがちだが、フェデラーはいまでも感情を持って

▶ 現在、フェデラーが試合中に感情をあらわにすることは稀である。

おり、テニスをする際には他の選手と同様に精神面の課題を抱えている。ときに、コートで涙を流し、「Chum jetzt（スイス系ドイツ語）」「C'mon（英語）」「Allez（フランス語）」等多言語で吠える声が発せられると、彼にも感情があることが思い出されるのだ。

さらに、コートの外では、いまだにホテルの枕にヘッドバンギングすることもあるという。彼が経験した「東京の恐怖」の夜も彼の精神状態を物語っている。それは、彼のテニス人生の中で最も恐ろしい経験だったという。深夜、日本のホテルの部屋で突然起きたとき、彼は怯えており、錯乱状態だった。

「多分悪夢を見たのだと思うが、叫びながら飛び起きた。錯乱状態だったため自分がどこにいるかわからず、焦って走ったところ木製のベッドの角にぶつかった。幸い、ミルカがそばにいた。彼女は私が騒いでいるのを聞いて飛び起き電気をつけ、私の肩を掴んで、落ち着くように諭してくれた。もしミルカがその場にいなかったら、どうなっていたかわからない。その瞬間は本当に怖かった。そのようなことはそれまで起こったことがなかったし、これからも起こらないことを切に願っているよ」

悪夢の原因については、当時はガールフレンドであり、現在は彼の妻で子どもたちの母親でもあるミルカとフェデラーは異なる見解を持っている。フェデラーは、夕食時に酒カクテル（ビールに日本酒のショットを入れたもの）を飲んだからだと思っている。一方、ミルカは、テニスのしすぎでロジャーは精神的に不安定になっていたためであると信じている。普通に考えると、酒カクテルのせいではなく、ミルカの解釈の方が正しいと思えるのだがどうだろうか。

このエピソードは、現代のテニス選手たちを悩ますプレッシャーについて物語っている。午前2時の東京での出来事は、選手としてピークだった2004年から2007年、誰もフェデラーを負かすことができなかった時代に起こったことだった。そのフェデラーにも、期待によるプレッシャーが積もり積もって、ついにはフェデラー本人が「ザ・モンスター」と名付けるほど大きな存在になったのだった。その野獣をフェデラーが飼いならすことができたことは、本当に素晴らしいことである。

フェデラーを古くから知る人たちは、彼が他の人と同様に感情を持っていること、そして彼が攻撃的で競争心が強いと話す。彼は喜びのあまり踊ることもあるし、怒りに震え喧嘩をすることもある。「フェデラーは一見、攻撃的ではないし、喧嘩っ早い男でもない。でも、感情が奥深くに秘められているだけかもしれない」とアンディ・ロディックは言う。

「燃えるような欲望を内に秘めていなければ、あれほどの数のグランドスラムを勝ち取ることはできないはずだ」

過去10年強のグランドスラムの表彰式の写真を見返す限り、フェデラーは、「最も冷静」ではなく、その逆で最も感情的な男に見えるかもしれない。フェデラーは映画館や劇場で涙を流すこともあると言うが（2015年全米オープン中に家族でブロードウェイの『ネバーランド』を見に行った際、彼は啜り泣いていたそうだ）、彼の感情

▲ フェデラーが、ウィンブルドンで初優勝した際の写真。勝利のあと、感情が込み上げることもある。

を最も高ぶらせるのは、なんと言ってもテニスである。

　初めてグランドスラムタイトルを手にした日の翌朝、ウィンブルドン・ビレッジの借家で朝食をとっていたときだった。地元の新聞をめくっていると、彼が笑顔で金のトロフィーを頭上に掲げている写真よりも、涙を流している写真の方が多いことに驚いた。フェデラーがバーゼルに帰国し、偶然元コーチのマデリーン・バーロッチャに会ったとき、彼女は言った。「前は試合に負けて泣いていたのに、いまは試合に勝っても泣くのね」と。その日のセンターコートでは涙を見せてしまったが、テレビを見ている何百万人もの観衆のことを考えると本当は泣きたくない。しかし、彼は涙を流さずにはいられない。この涙は幸せの涙であり、それまでの努力が実を結んだという安堵からくる涙でもあるからだ。

　フェデラーは2006年に全豪オープンで優勝し、伝説のロッド・レーバーからトロフィーを受け取ったときも、感情が溢れ出ることを止められなかった。また、敗北感を味わい、流した悔し涙もあった。2009年の全豪オープンの決勝戦でラファエル・ナダルに敗れたときがそうだ。準優勝のスピーチをしている際に泣き崩れた彼は「苦しくて死にそうだ」とロッド・レーバー・アリーナの観客の前で発言した。ナダルはそんな彼を慰めたのだった。2014年のウィンブルドン選手権でノバク・ジョコビッチに敗れ準優勝に終わった際には、一粒の涙が頬を伝い落ちた。

　試合さえ終われば、フェデラーは感情を表に出すことを躊躇わない。しかし、試合中は感情をコントロールし、感情にプレーを左右されない。過去アンディ・マレーがしたように、素手でガットを殴り、指の関節を血だらけにするなんてことはしない。また、マレーやジョコビッチがしたように、自分のボックス席に向かって怒鳴り散らすようなこともしない。

　昔のロジャーが試合中に現れることは滅多にない。ただ、2009年のマイアミ選手権のジョコビッチとの準決勝では、一度昔のロジャーが現れたことがあった。ロジャーは、ラケットをハードコートに叩きつけ、壊れたフレームを椅子に向かって投げたのだった。テニス選手がラケットを壊すのはよくあることだが、フレームがあそこまで折れ曲がり壊れることはあまりなかったため、世界中のメディアに取り上げられてしまったのだった。

2　モーツァルト vs. メタリカ　　　69

3
ル・プチ・ピート
―LE PETIT PETE

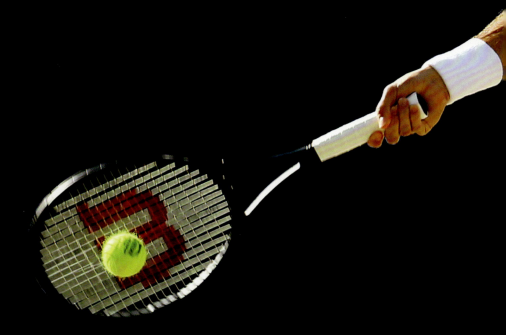

フェデラーのフォアハンドは、あのピート・サンプラスも絶賛するほどである。その強烈さは誰もが舌を巻く。フェデラーは27種類の異なるフォアを打ち分け、常に相手の裏をかくことができる。
まさに世界最高のフォアの持ち主なのである。

「ロジャーのフォアハンドの調子がいいと、本当に息をする余裕がないんだ」リシャール・ガスケはため息を吐いた。「ボールをすぐさま捉え、ボンボンボン。フォアハンドから容赦なくボールが打ち込まれてくる。ボンボンボン。ロジャーは相手を追い詰め続ける。本当に止まらないんだ」

ピート・サンプラスは、フェデラーのフォアハンドを「過去十数年間のどの選手のどのショットと比べても、最高のショット」だと評する。「ロジャーが流れの主導権を握ったときは、特にヤバい。速いペースで高速スピンがかかった強烈なフォアハンドが飛んでくる。フラットな球も自由自在に操ることができる。ゆえに、彼は自分のフォアハンドに絶大な自信を持っている。あのフォアハンドだったら、自信を持っていても当然だが。彼は以前から素晴らしい技術を持っていたが、たゆまぬ努力により、その技術をここまでのショットに昇華させることができたのだ」

フェデラーのフォアハンドの音は、独特だ。パワーとスピンが織り交ざり作り出すあの音は他の選手のものとは異なる。また、彼はフォアハンドでも多数の球種を打つことができる。ビデオグラファー、ジョン・ヤンデルによると、フェデラーは27種類の異なるフォアハンドを打つそうだ。その数は、他の選手と比べても相当多い方だと言う。ラファエルのコーチ、トニー・ナダルはそのフォアハンドを「世界最高」だと絶賛する。自分の甥のものよりも素晴らしいそうだ。

「ロジャーのフォアハンドは、コントロールが利いている。彼は低い球でも高い球でもミートすることができる。彼は自分の思い通りに、スピンやフラットを打つことができる。彼のフォアハンドが強烈なのは、コートのどこからでも自由自在にウィナーを打てることだ。対戦相手から見ると、安全に狙える穴はどこにもない」

球種の多さは、フェデラーにとっていつもプラスに働いたというわけではなかった。若かりし頃のフェデラーは、選択肢が多すぎ、困惑していた。選択肢が少ない選手は、いつ、どのショットを打つかは自ずと決まってくるが、フェデラーは多種多様なストロークを打つことができたため、選ぶことが難しかったのだ。速度が遅いボールがネットを越えてくると、彼は頭の中でカタログをめくるのだった。

▶ ピート・サンプラスは、フェデラーのフォアハンドは「ヤバい」と言った。

FEDEGRAPHICA

フェデラーは説明する。「球種の多さが問題だった。スローボールが来ると『この球をどう返そうか』と考えてしまう。球種が多くなければ、『この場合はこう打つ』と決まっているから簡単だ。しかし私の場合は、選択肢が多すぎたため、正しい戦略を立て、それに基づいて正しいショットを選択する術を学ばなければならなかったんだ」

これにはジョン・マッケンローも同調する。「フェデラーは選択肢が多すぎて、自分を混乱させてしまっていた」。フェデラーに必要だったのは、試合に構成とリズムを取り入れることであり、秩序を取り戻すことだった。パターン化して使い分けているサーブと同様に、いまは他のショットもパターン化して使い分けている。

「フェデラーがバックハンドに来たボールをわざわざ回り込んでフォアで打つ理由は3つある」とアナリストのクレイグ・オシャネシーは解説する。

「まず、第一に、バックハンドからフォアハンドに変えることで、より強い、より高速なショットを打つことができる。フォアハンドの方が精神的にも相手にダメージを与えられる。相手に『このピストルを置いて、代わりにライフル銃で撃ち返すぞ、覚悟しろ』とプレッシャーをかけているようなものなんだ。第二の理由は、ターゲットエリアを倍にするためだ。フォアにすることで、目の前のコートに広がりが出て狙える標的が拡大するわけだ。第三の理由は、隠れ蓑を纏うためだ。ロジャーの回り込みショットの映像をコマ送りしながら見てみると、対戦相手はどこにボールが来るかわからないため、スプリットステップを繰り返していた。ラケットがボールに近づき始めても、まだわからない。フォアで打つことで、相手のリアクションタイムを奪うことができるんだ」

大多数のテニス選手は、オープンコートの錯覚に惑わされてしまう。彼らは、オープンコートを見ると、反射的にそこを狙ってしまう。打つ瞬間は空いていても、次の瞬間には相手がカバーに入っている可能性を計算していない。一方、フェデラーは、裏をかき、対戦相手の後ろを狙うのが常套手段だ。そうやって、ネットの反対側にいる相手の動きを乱している。

◀ フェデラーがフォアハンドを練習している光景。そばで見守るのは、当時のコーチ、ピーター・ラングレン。

3　ル・プチ・ピート

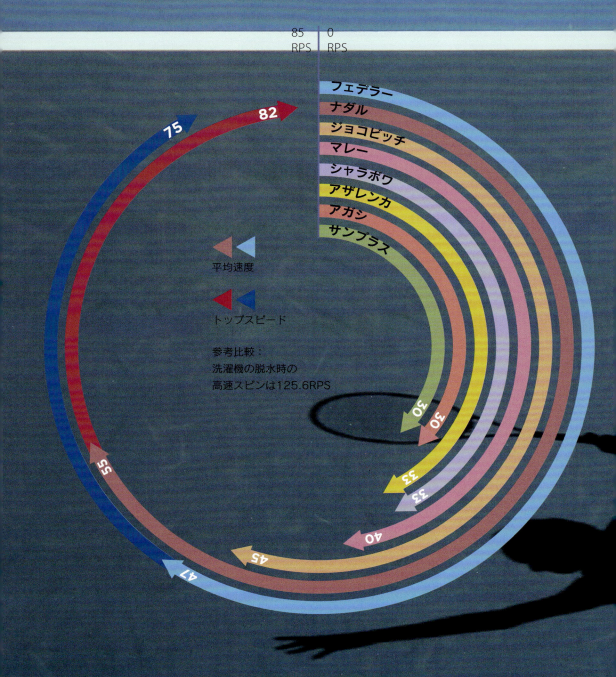

相手のバックハンドにフォアを打ち込む「バックハンドの檻(おり)」に入れられると、もはや脱出することは困難になる

「ロジャーについて何年も研究を続けているが、特にスローモーションを見れば見るほど、ロジャーは相手の動きを見てその動きとは逆の方向に打つことが多いということがわかってきた。オープンコートが見えたとしても、打ってからボールがそこにたどり着くまでに1秒ちょっとかかる。その間に対戦相手はそれまで空いていたところをカバーできてしまうんだ。

ロジャーはそれとは異なる考え方をしている。ロジャーが狙おうとしている場所からそれほど遠くない位置に相手はいるかもしれない。しかし、動きと反対の方向に打たれると、その相手は一旦動きを止め、数ステップ動き、体勢を整え、次の動きのために手と足の準備をしなければならない。限られた時間の中でそこまでやるのは、相当難しいはずだ」

最初の2、3球を相手の動きと逆の方向に向けると（もう数球必要となる場合もあるが）、フェデラーは逆サイドに大きな穴を作ることができる。このときのオープンコートは錯覚ではなく、本当にオープンなのである。

「フェデラーがフォアハンドで相手のフォアハンドを攻撃することもあるが、結果としてはあまり意味がない。見ていると、ほとんどの場合、ロジャーはフォアハンドで相手のバックハンドを狙っていることがわかる。ただし、彼のフォアハンドウィナーの多くは、そのバックハンドへのショットではなく、彼が開けることに成功した穴へのショットである」

フェデラーが時折使う戦略は「バックハンドの檻（鳥かご）」だ。「ロジャーは、相手のバックハンドに向けて4、5本のフォアを打つ。彼の強力なショットに対して、誰が連続でバックハンドで返せるだろうか。ロジャーはそうやって相手に『お前を檻（鳥かご）に入れ、そこから出られないようにしてやる』とプレッシャーをかけているんだ」

ガスケが言うように、ボンボンボン。彼のフォアハンドから容赦なくボールが打ち込まれていくのだ。

∎

「若く、狂っていて、荒れていた。そして頭髪は後ろで一つに束ねられていた」

それは、バーゼルにある場末のバーの常連客を思い起こすような言葉だった（バーゼルのような街に、場末のバーみたいなところがあればの話だが）。フェデラーが、2001年ウィンブルドン選手権の場で、近い将来王者になるであろうことを世界に示した19歳の自分を言い表した言葉だった。

フェデラーは、対戦相手に対して人並み以上の憧れを抱いていた。その対戦相手は、ウィンブルドン選手権で7回優勝し、最多優勝記録を保持しており、同選手権で31連勝中だった。「ドローが発表されたときをいまでも覚えている。そのとき、息を飲ん

フォアハンドとバックハンド

フェデラーは、フォアハンドとバックハンドのどちらの方がウィナーが多いか。
また、どのショットがより多くのアンフォースドエラー（UE=ミスショット）となるか。

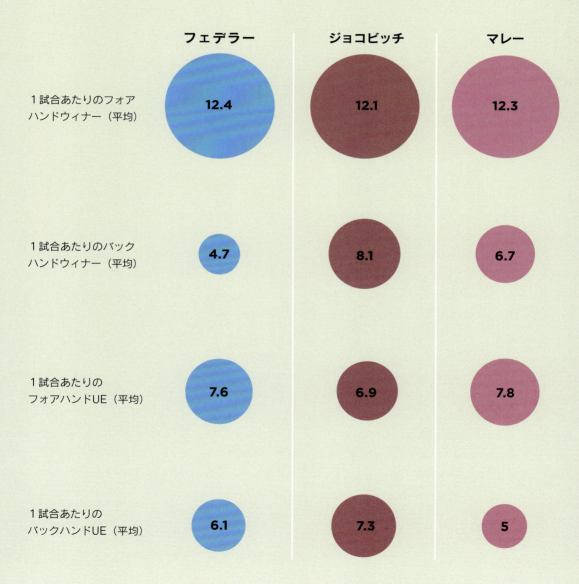

3　ル・プチ・ピート

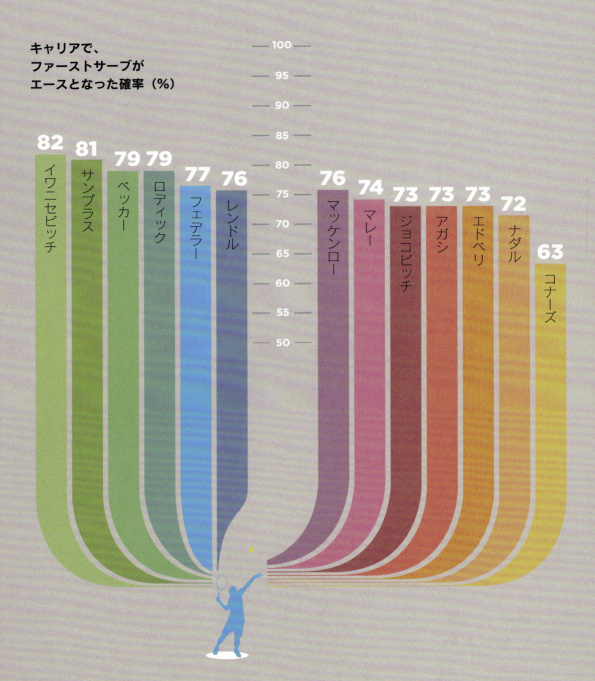

▶ フェデラーとサンプラスは一度だけ対戦した。2001年のウィンブルドン選手権でのことだ。

でこう思った。"勝ち進めば、あのピート・サンプラスと第4ラウンドで対戦できるぞ"と。大きなプレッシャーを感じたが、それは良いプレッシャーだった」とフェデラーは振り返る。「憧れのセンターコートでプレーするのも初めてなのに、それに加えて、憧れの選手とも対戦できるなんて夢のようだった」

テニス談義に花を咲かせる際、人々はよく、異なる世代の伝説の選手が対戦した場合の勝敗について熱く議論する。フェデラーとサンプラスについては、両選手がそれぞれ選手としてのピークだったわけではないが、実際に対戦したことがあるため、結果を想像する必要はないかもしれない。

ピート・サンプラスにはまだグランドスラムタイトルを勝ち取る力が残っており、実際、翌年の全米オープンで優勝し、4大大会優勝回数14と史上最多記録を更新していた。しかし、フェデラーと初めて対戦した当時のサンプラスの調子はよくなかった。それはフェデラーも同様だった。その日、フェデラーのもう一人の憧れでもあるボリス・ベッカーが、テレビ用の解説者席に座っていた。彼が解説する予定だった16試合は、グランドスラム史上、人々が最も話題にし続けたものだっただろう。「その日、初めてフェデラーのプレーを間近で見て、"ワオ！"と思った」とベッカーは言う。

若い頃のフェデラーは「ル・プチ・ピート」と呼ばれていた。いまは彼のテニスはより奥深くなったため似ているとは言えなくなったが、当時は、二人とも素晴らしいサーブと強力なフォアハンドを持っていた。その後、ウィンブルドンにて勝利を挙げることはなかったサンプラスだったが、その日のセンターコートでの試合は、「ロジャーにとっての始まりだった」と振り返る。

「その日、ロジャーは偉大なことを成し遂げるほんの一歩手前にいると感じた。自分の視点からは残念な敗北だったが、ロジャーは勝つべくして勝った試合だった。彼は必要なショットを要素としてはすべて持っていた。あとはそれらの要素が上手くかみ合うようにプレーすることだけだった。いま思うと、選手交代の儀式のようなものだった。ロジャーがもう一皮剝（む）け、さらに素晴らしい選手になったのは、その試合から数年経った頃だった。彼が私を相手に勝利したことは、将来起きることの兆候だっ

3　ル・プチ・ピート　　81

た。その試合で、皆、彼が懐に持っていたすべてのショットを見た。サーブが上手で、動きもよく、あらゆるプレーができたことを知った。そのときはまだ、将来どうなるかなんて誰も予想できなかった。彼が自分らしい試合をし、世界一の選手になるまでにはしばらくかかった。彼に必要だったのは、精神的にタフになること、身体的にもさらに鍛えることだけだった。それができるようになった彼は、もう誰も止めることができなかった」

その5セットマッチを勝利し、フェデラーは初めて準々決勝まで駒を進めたのだった。残念ながらフェデラーは、故障の影響もあって準々決勝でイギリスのティム・ヘンマンに敗れた。アメリカ出身のサンプラスが引退した後、二人の距離は縮まった。サンプラスがフェデラーの携帯電話にいくつかSMSを送り、2006年全米オープンで優勝した際には、お祝いの言葉をかけるために電話もしたという。その翌春、フェデラーがカリフォルニアのインディアン・ウェルズ・テニス・ガーデンに向けて出発する前にサンプラスに連絡し、ロサンゼルスで一緒に1、2度練習することを提案した。サンプラスは快諾し、二人はサンプラスの家の裏庭で一緒に練習した。

「数時間打ち合い、短い練習試合をし、反復練習(ドリル)もした。様々な世代のテニスについても語った」とサンプラスは言う。しかし、二人が本当に仲良くなったのは、その年のオフシーズンにアジア各地を回るミニツアーで一緒になったときだった。ツアー序盤の夜、フェデラーはサンプラスを食事に誘った。サンプラスによると、それが二人の友情の始まりだった。「それまではロジャーのことをあまりよく知らなかった。その日、お互い気恥ずかしくて、相手とどう接すればいいのかわからなかった。しかし、それを乗り越えたら、急に親しくなった。性格が似ていることに気付いてからはね」

といっても完全に似ているわけでもなかった。「ロジャーはいたずらっ子のようなところがある。その一面は、多くの人は見たことがないかもしれない。コートではもちろんとても真剣だし、テレビ出演や記者会見のときも試合と同じ顔で対応している。しかし、一旦カメラとマイクがオフになると、陽気になる。彼はいたずらが大好きで、笑うのも大好きなんだ。アジアのツアーを一緒に回っていたときに、"こいつは高校生みたいだ"と思ったことがあった。彼は突然人の耳に息を吹きかけたり、耳元で叫んだりする。彼の陽気な性格をわかってもらえるエピソードだろう？ でも、彼は地に足がついた、普通の人間なんだ。彼とは本当にいい関係を築けているよ」

二人の関係はフェデラーにとっても大事だった。フェデラーがテニスについて何を考え、感じ、経験しているかについて心から共感できる人は、サンプラス以外に誰がいるだろうか。フェデラーが記録を塗り替える前の、グランドスラムシングルス最多優勝、歴代最長ランキング1位の記録保持者は他でもないサンプラスだった。二人には共通のコーチ(ポール・アナコーン)もいるのだ。他の機会にフェデラーがロサンゼルスに行った際、二人は夕食を取り、その後LAレイカーズのバスケットボールの試合を観戦した。

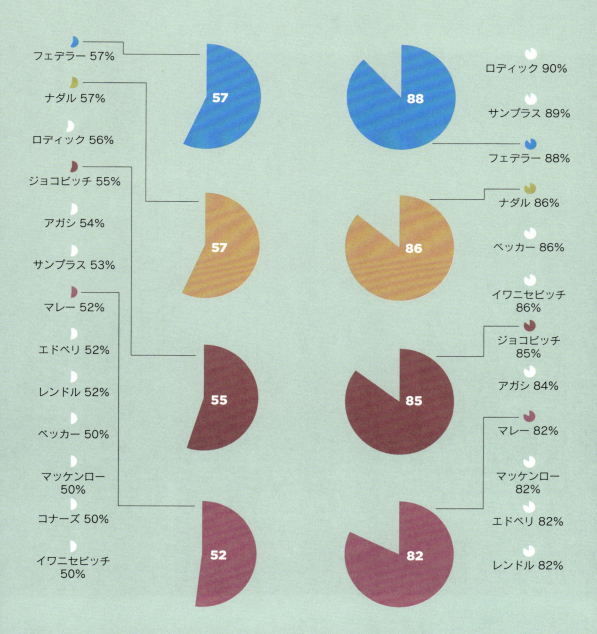

タイブレーク勝率
アーサー・アッシュに次ぎ、フェデラーはATP史上2位。

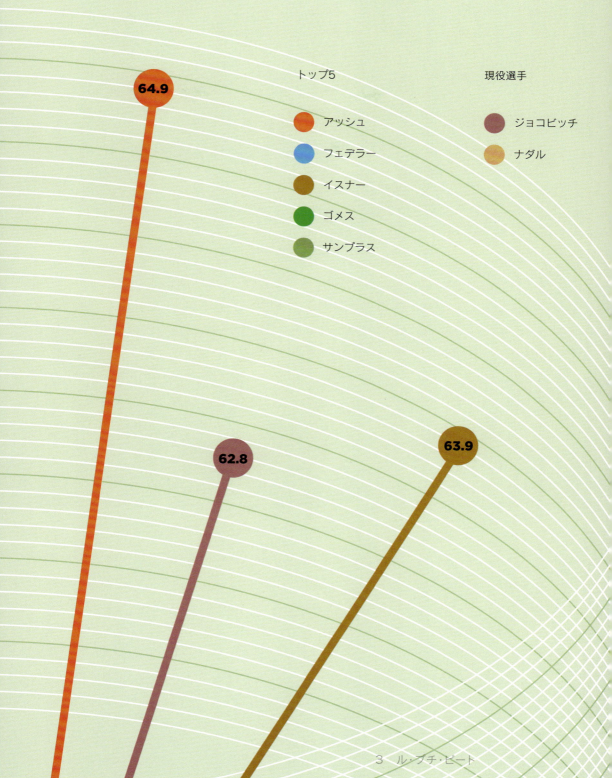

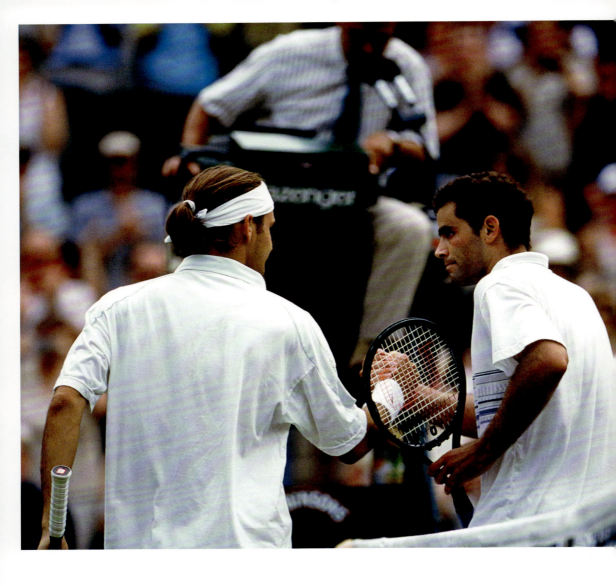

▲ サンプラスは、自分がフェデラーに負けたことは、「ロジャーにとっての始まりだった」と言う。

「平凡な男二人が気軽にバスケットボールの試合を見に行っただけのことさ」とサンプラスは笑う。「でも、ロジャーにとって、少しだけテニスから離れるのはいいことだったのではないかと思う」

二人の間で唯一気まずい空気が流れたことがある。それは、サンプラスが「史上最高のテニス選手は誰か」ということを話題にしたときだけだ。「ロジャーはその会話中ずっと居心地が悪そうにしていた。自分がいかに素晴らしいか、彼はまだ実感を持てていないことに私は気付いたんだ」

二人は互いに憧れていたのだった。フェデラーのサンプラスへの崇敬はメディアが作り上げたものではない。「憧れのスター、サンプラスと同じコートに立ったとき、浮き足立ってしまった」とフェデラーは告白する。「ピートと練習すると、彼がいま

▲ ロジャーがセンターコートの観客に投げキスをしている。

までに成し遂げたことや彼が自分にとってどのような存在かを考えると、いまだに、本当にあのサンプラスと練習しているのかと信じられない瞬間がある。自分にとって本当に大きな存在なので、彼のプレーを見ると、魅了されてしまうんだ」

「練習で同じコートに立つのですら、本当に特別なことで、ショットに集中できないときもあるくらいだ。ピートと打ち合っていても、いつも少し非現実感があるんだ。彼のプレー、そして、彼の球の何かが他の選手のものとは違うため、他の選手と練習するのとは違う感じがある。だから、彼との練習はいつも最高なんだ」

フェデラーの称賛の言葉がサンプラスに伝えられたところ、サンプラスは感激し、こう言った。「それは本当に嬉しい。彼にとって意味のある練習になるように、引けを取らないように頑張っているよ」

4
囁きのような
フットワーク
―MOVES LIKE A WHISPER

どの選手よりも静かに、まるでコートの上を滑るように走る。
フェデラーは15種類もの動きで相手を翻弄(ほんろう)することができる。
さらに彼は年間80試合、多いときは90試合以上の試合をこなす。
彼がそれを実現させるためには、何年ものトレーニングが必要だった。

ロジャー・フェデラーのフットワークは、どの選手よりも静かだ。彼がコートを動き回る音は、静粛にひな鳥の鳴き声を足した程度の音量である。フェデラーの動きがどれくらい軽やかかを知りたければ、彼の試合が映っているテレビの音量を上げて、目を瞑(つむ)り、彼の側の音に集中してみてほしい。グラスやクレーコートだと、他の選手もあまり大きな音を出さないので差がわかりにくいかもしれないが、ハードコートだと、他の選手はバタバタと走り、ベースライン付近でキュッキュと止まるなど、その差は歴然としている。

　その差を知ると、彼の芸術的なフットワークがなぜそんなに軽やかか思いを巡らせることになるだろう。そして、彼のテニスシューズがワンサイズ大きいという事実を聞くと、さらに驚くかもしれない。彼はいつもテーピングをしており、靴下も２足履いているため、ワンサイズ大きい靴が必要なのだそうだ。他の選手がワンサイズ大きい靴を履いたら非常にぎこちない動きをするだろう。

　フェデラーが本調子のとき、彼はコートの上を「浮かび」「滑らかに滑っている」。それを信じそうになるのは、元世界ランキング１位のジム・クーリエだけではないはずだ。コーチに加え、パラシュート部隊の経験もあるニック・ボロテリーは、「彼の動きは囁(ささや)きのようだ」と言う。

　一方、ジョン・マッケンローは、彼の動きをバレーダンサーのミハイル・バリシニコフと比較する。確かにそれは良い比較かもしれない。クロアチア出身の元テニス選手イワン・リュビチッチは、2015年ウィンブルドン選手権の際にニューヨークタイムズの記者に「ほら、またロジャーが踊っている」と発言した。フットワークの専門家のデビッド・ベイリーによると、テニス選手は15種類の動きをするという。フェデラー以外にそのすべてをできる選手はあまりいないだろう。「ロジャーの動きは、他の人に教えることも難しいし、習得するのも難しい」とベイリーは首を振る。「でも、見るだけでも満足するほど、美しいんだ」

▶ フェデラーはコートの上をまるで滑るように動く。

2015年のシーズン前に行われたトレーニングキャンプでフェデラーの練習パートナーを務めたオーストラリアのタナシ・コキナキスによると、フェデラーはあのように動くことで、相手から時間を奪うことができるのだという。

　「ロジャーは信じられない動きをする」。コキナキスは絶賛する。「試合中、彼は相手からどんどん時間を奪っていくんだ。普通にラリーで返ってくると思っていたボールに、ロジャーは突然近づいて行って、早いタイミングで打つんだ。すると相手は、予想外の厳しい状況に置かれることになる。フットワークはどの選手にとっても大事だが、彼にとってはプレースタイルの土台みたいなもの。相手のリアクションタイムを奪うことが本当に大事なんだ。そうすることで、相手が彼を動かす前に、彼が相手を動かすことができる」

■

　人は、ロジャー・フェデラーの体には汗腺がないと言う。確かに、他の選手と同じような頻度でボールボーイにタオルを要請したりはしない。もちろん、全く汗を掻かないわけではなく、暖かい日のグラインドボーン・オペラ・ハウスで英国紳士がハンカチで額を押さえる程度の汗は掻く。別の作り話では（ラファエル・ナダルは信じているようだが）、フェデラーは「自然が生んだ、聖なる変種」であると言う。つまり、彼は生まれつき恵まれており、テニスの身体的側面については努力をしたことがないというのだ。

　考えてみると、この二つの神話はどちらも同じような話である。フェデラーのような人間は、汗水垂らして努力をするなど低俗なことはしないという思い込みから来ている。しかしそれは、まわりの選手が全員プロフェッショナルの世界で、フェデラーだけが唯一のアマチュアとして生き残っているとでも言うようなものである。

　「テニスの反復運動による筋肉への負担に耐えられるように、私は体を鍛え、テニスに適した身体をつくらなければならなかったが、フェデラーはテニスをするために生まれてきたようだ。彼の肉体、ひいては彼のDNAは、テニスに完全に適しているように見えるからね」。ナダルは自伝でそう表現した。「彼は、私ほどはトレーニングをしないと聞いたことがある。それが本当かどうかはわからないが、そうであったとしてもなんら不思議ではない」

　フェデラーの体づくりについて、ナダルが誰から話を聞いたのかは定かではないが、フェデラーのフィットネストレーナーであるピエール・パガニーニからは話を聞いていないようだ。思慮深い、丸刈りのスイス人トレーナーがエキュブランの国立テニスセンターで初めてフェデラーに出会って以来、「フェデラーは大した苦労もせず、いとも容易く数々のタイトルを勝ち取った」というような話をよく耳にした。そのような話を聞くと、パガニーニはこう答えるのだった。

　「バレエを観劇することを想像してみてほしい。美しく、調和がとれていて、優雅

だ。軽やかなその姿に、観客はバレリーナは努力していないと思うだろうか。そんなはずはない。バレリーナが長時間非常に厳しい練習をしていることを、誰もが知っている。ロジャーも同じだ。彼もコート上の芸術家のようだ。彼が想像したものを形としてコートで表現し、チャンピオンになるためには、多くの努力をしなければならない。それ以外に道はないんだ」

2000年に初めてフェデラーのチームに加入したとき、パガニーニは「才能でどうにかできるのが、フェデラーの才能だ」と思った。確かに、それまでのフェデラーは、体づくりに関しては厳しいトレーニングを積まなくても勝つことができた。だからこそ、パガニーニは彼を変えなければいけないと考えた。何日、何週間という単位で成し遂げられることではないとわかっていても。それは、彼がグランドスラムタイトルを獲得するまでの数年を要する、息の長い肉体改造計画だった。

2001年ウィンブルドン選手権4回戦で、フェデラーがピート・サンプラスに勝利したとき、彼には大会で優勝を狙える才能があるということが証明された。しかし、彼が2週間で7つの試合を勝てるような体になるには、まだまだ時間が必要だった。「ロジャーには、数多くの才能がある」とパガニーニは言う。

「彼は器用で、動きも機敏だ。そういう選手は、内容の濃い試合ができるので、物足りなく感じるともっと詰め込もうとする。内容が複雑になるにつれ、フットワークも複雑になる。ロジャーがコートを滑っているように見えるのは、多くの才能の賜だ。

▼ フェデラーは、「コート上の芸術家のようだ」と彼のフィットネストレーナーは言う。

1試合の平均走行距離（km）
（2015年グランドスラムのデータより）

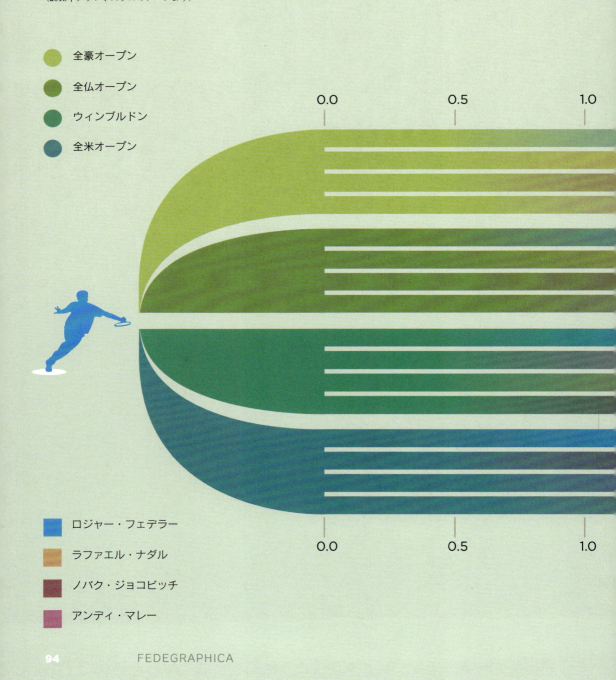

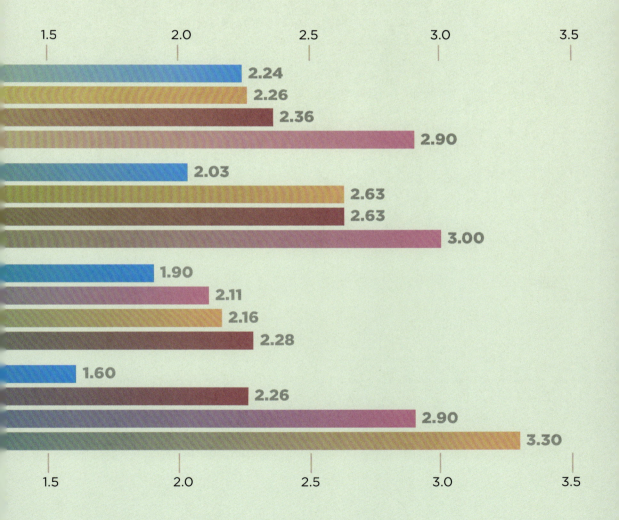

4　囁きのようなフットワーク

彼は優れた感覚を持っていて、試合の流れを上手に掴むことができる。そういう選手は創造的な試合ができる。幼い頃からこのような動き方を身につけ、どうすればスマートで賢明な選手になれるかを感じることができたら、創造的な試合ができる選手になるだろう」

　現代のテニスでは、才能と芸術性だけでは生き残ることができない。ヴィクトリア朝の社交界のガーデンパーティーで、テニスが嗜まれていた時代からは大きな変貌を遂げ、容赦のないシビアなスポーツになってしまった。1シーズンで、フェデラーは80を超える試合数をこなす。2006年にはシングルスで97試合をこなしたこともある。試合によっては、猛暑の中で行われることもある。全豪オープンでは、気温のため目眩を起こしたり、失神する等、体調を崩す選手もいる。ロンドンのような、穏やかな気候の開催地でも、選手の決意を揺るがせる気温のときもある。

　2009年のウィンブルドン選手権決勝戦では、フェデラーはアンディ・ロディックと4時間以上戦い、第5セットを16–14で勝利したことがあった。その状況を想像してみてほしい。前年の夏のウィンブルドン決勝戦でフェデラーがナダルに敗れたときも長時間に及んだ。雨天により一時中断されたことも原因として挙げられるが、翌年の決勝よりも30分短いだけだった。

　また、覚えているだろうか、同じウィンブルドンのセンターコートにて2012年に

▼フェデラーのコンディショニング・プログラムは、彼が瞬発力、スピード、持久力を保てるように作成されている。

トッププレーヤーは1年間で80以上の試合をこなす。その持久力をつけるのは本当に大変なトレーニングを要する。そしてそれは、フェデラーも例外ではない

行われた試合のことを。2012年ロンドンオリンピックの準決勝にて、フェデラーとアルゼンチンのファン・マルティン・デル・ポトロが対戦した際、第3セットのスコアが19-17となり、3セットマッチで4時間半弱を記録し、史上最長試合となった。

「テニス選手には、持久力が必要だ。瞬発力、スピード、加速力も必要だ」。パガニーニは言う。「一試合が、1時間、2時間、3時間、4時間、何時間になるかわからない。マラソンほどの持久力は必要ないが、1年に80試合はできるくらいの準備が必要だ。それは本当に大変なことだ。そして、最終的な目標は、その80試合すべてにおいて、瞬発力を発揮できるような状態でいること。テニスでは、長距離を走る必要はないが、反射神経と瞬発力は非常に重要だ。ストップ・アンド・ゴーを繰り返し、何度も瞬発的な力で踏み出す。試合も練習も入れると、ほぼ毎日、様々なサーフェスで同じことを繰り返すことになる」

「本物のプロのように準備をしないアマチュア・ロジャー」という印象を持たれてしまっているのは、彼がトレーニング方法や光景を公開していないことに関係しているかもしれない。また、公開するとしても、他の選手ほどではないだろう。

例えば、ノバク・ジョコビッチは、競技前にどのように身体の最終調整を行うか、また、食事からグルテン、乳糖、砂糖など体に悪影響を与える食物を除去し、マヌカ蜂蜜と甘草茶をとるようにしていることの本を書いている。アンディ・マレーの場合は、写真が撮影できるくらいの時間しか与えていないかもしれないが、マイアミのサウスビーチでトレーニングするときにテニスライターたちも並走することを許すなど、トレーニングを一部公開している。ナダルも、体づくりにとって必要なトレーニングを公開している。

フェデラーは秘密主義ではないが、彼の努力を一般公開するようエージェントに依頼するようなことはしていない。「人々は、ロジャーがいかに人知れず努力しているかについてほとんど話題にしない」とティム・ヘンマンは言う。フェデラーが大音量で音楽を聴きながらウェイトトレーニングをしているところを盗み見るためには、パガニーニの協力が必要だ。過去、彼がトレーニングする際には、トランスやその他エレクトロニック音楽、メタリカやAC/DCといったヘビーメタルを聞いていた。また、彼は、試合中に必要な瞬発力を養うために、インターバルトレーニングも行っている。

フェデラーとナダルの体型は全く違うのに（少なくとも見た目は）、身長（185cm）と体重（85kg）が全く同じなのは意外である。フェデラーは、ナダルのような上腕二頭筋になったことはない。締まった上半身に、強い脚力を持ったフェデラーは、ナダルの言うように、テニスをプレーするのに最適な肉体を持っているのだろうか。

彼の両親を見るとどちらも背は高くないので、彼がテニス選手の理想的な身長近くにまで育ったのは、運のいいことだったのかもしれない。

4　囁きのようなフットワーク

◀ フェデラーとスイスのデビスカップのキャプテンであり、長年にわたりフェデラーのツアーに随行しているセベリン・リュティ。

今日のテニスは、巨人の時代であると言われている。かがまずに戸口を通れてしまうくらいの身長の選手は、この競技における将来に期待しない方がいいという声があるほどだ。しかし、この競技が巨人に乗っ取られつつあるという神話は大げさである。テニスの黄金世代の選手たちの身長と体重を検証してみよう。ノバク・ジョコビッチはフェデラーとナダルよりわずかに長身の188cmだ。4人の中で最も背が高いのは、191cmのアンディ・マレーである。この4人はバスケットボール選手と同じくらい長身なのに、そのような印象がないのが不思議である。体重は、ジョコビッチが最も軽い78kgで、マレーは84kg。いまのフェデラーの力で事足りないというわけでは決してないが、もし彼の背がもう少しだけ高いかがっしりしていて、手足が長かったら、さらに強烈なサーブを打てていたかもしれない。一方、長身になると、デメリットもある。もしフェデラーが2mだったら、彼のプレーに非常に重要なフットワークはいまほど軽やかではなかっただろう。

「ロジャーが、テニス選手としての理想的な身体かどうか、という質問に答えるのは難しい」とはパガニーニの弁。「ロジャーの体型とは全く異なる、ナダルのような素晴らしいチャンピオンがいることを忘れてはならない。彼はいままで数多くの勝利を収めてきた。また、同様にピート・サンプラスもロジャーの体型とは異なる体型だ。他にも、素晴らしいチャンピオンは多数存在する。最も大事なのは、自分が現在どのような人間で、将来どのような選手になりたくて、身体的な能力がどれくらいか、その3つの調和がとれていることだ。もちろん、ロジャーはその調和がとれているため、素晴らしい成績を残せている。自己を知り、ありのままの自分を受け入れることが大事だ」

フェデラーを他の選手と比べて最も違うところは、彼は「身体にあまり負担をかけないことだ」とティム・ヘンマンは分析する。「彼の体は、しなやかで、バランス感覚がいい。フットワークも軽やかなので、ナダルやマレー等他の一流選手のように体への負担が少ないんだ」

2015年ウィンブルドン選手権1回戦の試合開始とともに、フェデラーの肉体的回復力と負傷から体を守る自己管理能力の高さを示す重要な記録が塗り替えられた。それは、グランドスラムの連続出場記録が63回となり、それまでの記録保持者だった杉山愛を抜いて、男女のトップに躍り出た。次ぐ男性の記録は、南アフリカのウェイン・フェレイラの56回、そして2014年から2015年にかけて彼のコーチを務めたステファン・エドベリの54回だった。

2015年の全米オープンにも出場したフェデラーは、その記録を64回に更新した。本書の執筆時点では、フェデラーは一度開始した試合を途中で棄権したことがない。これは注目に値することである。また、大会の途中で残りの試合を欠場したのは3回だけ。最近棄権したのは、2014年のロンドンにて開催されたツアーファイナルの決勝で、腰の痛みのためジョコビッチと対戦することができなかった。

4 囁きのようなフットワーク

4大大会のポイントごとの平均走行距離（m）

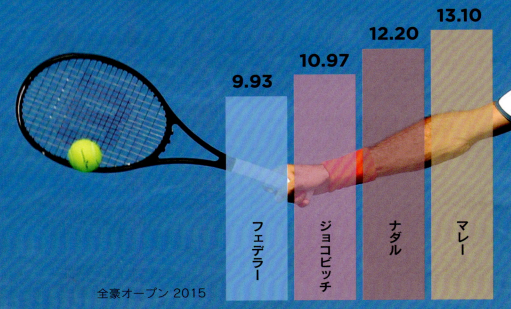

全豪オープン 2015

フェデラー 9.93
ジョコビッチ 10.97
ナダル 12.20
マレー 13.10

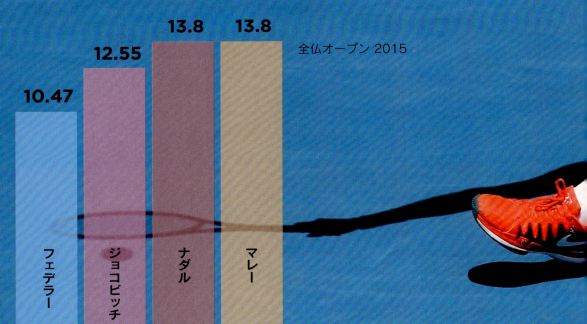

全仏オープン 2015

フェデラー 10.47
ジョコビッチ 12.55
ナダル 13.8
マレー 13.8

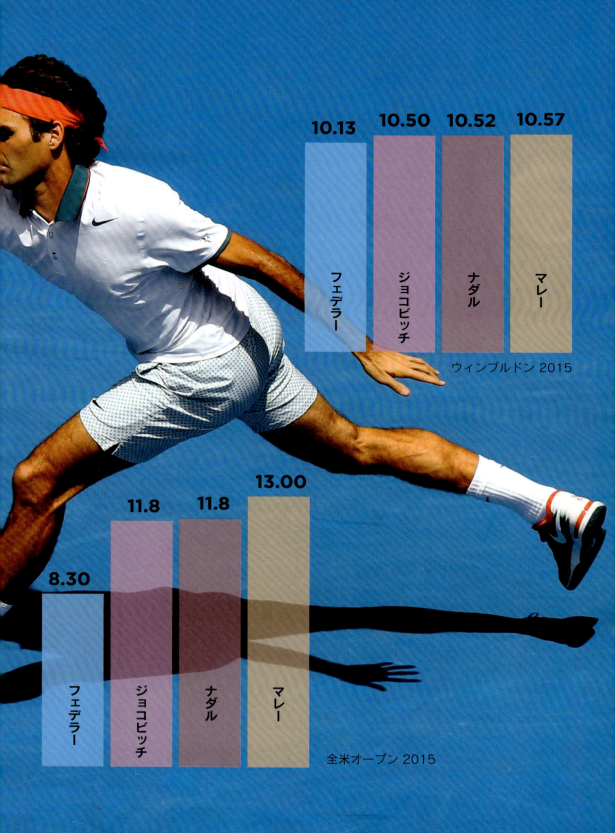

フェデラーは途中棄権したことがほとんどない。その故障の少なさはライバルのナダルも羨むほどである

故障が少ないフェデラーをナダルは何度羨ましく思ったことだろう。このマヨルカ出身の選手は言う。「他の選手は、手、肩、脚などが脳に信号を送り一時休止を要請しているときには、痛みに耐え、長い休養期間を取るほか術がなく、それを受け入れるしかない」

ナダルの場合、長期に及ぶ活動停止の主な理由は膝の故障だった。マレーは、手首と腰の故障により、数々のグランドスラムを棄権・欠場してきている。

ジョコビッチも、グルテン除去をする前は様々な問題を抱えていた。若い頃は、気温が高い日にプレーすると呼吸困難になるらしく、猛暑日にプレーすることを極端に嫌っていた。体調不良を理由に途中棄権することが何度もあり、そのために非難されたこともあった。

この3選手は、運動や食事療法につき開示し合えば、お互いを元気付ける(鼓舞し合える)ことができるかもしれず、語り合う意味があるかもしれない。

フェデラーが長期間、大きな負傷をせずに戦ってこれたことは、幸運に見舞われたからだと言われることもある。確かにそうかもしれないが、それだけではない。パガニーニは、フェデラーは必要なときに必要な量だけのエネルギーを使う能力があるという。

彼は、一生懸命トレーニングすることと、過剰なトレーニングをすることを区別することができ、疲労困憊する手前の適度なところでやめることができる。

「大事なことだが、ロジャーは集中すべきときに集中し、リラックスすべきときには、リラックスできる。彼は、身体的・精神的エネルギーを必要なときに必要な量だけ効率的に使うことができる器用な人間だ。彼は、自分が置かれている状況を上手に捉え、それに適切に対応する能力を持っているんだ」。パガニーニは続ける。「一生懸命やることは大事だ。しかし、それと同じくらい大事なのは、いつ一生懸命やり、いつ休み、それぞれどれくらいの期間にするかということを考え、実行することだ。最大の効果を上げるには、適切なときに、適切なことを、適切なエネルギーを使ってやることなんだよ」

どのような小さな事柄であっても、おろそかにしてはならない。「スポーツも、人生と同じように、細かいことを積み重ねることで大きなことをやり遂げることができる。塵も積もれば山となるんだ」

フェデラーの睡眠療法と食事療法は細部にまでこだわっている。フェデラーは最低10時間の睡眠時間を必要としている。それよりも少しでも短いと、起きたときに「ああ、疲労困憊だ」と感じる可能性がある。食事については、本当はクロワッサンを食べたいのだが、試合当日の朝は、おかゆとベリー類を食べることが多い。

元々フェデラーは、朝食をとる人間ではなかった。本当は昼食と夕食だけでもいいのだが、プロとして必要だからと朝食もとるようにしている。

▲ 試合当日の朝、フェデラーはおかゆとベリー類を食べることが多い。

　若い頃のフェデラーは、ベジタリアンであり、好き嫌いが多かった。元コーチのピーター・ラングレンによると、レストランでは彼は決まってゴルゴンゾーラのニョッキかトマトソースのパスタしか注文しなかったそうだ。
　食事の内容が変わることとなったのは、ある夜、スイスのデビスカップのチームと一緒にステーキハウスに行き、彼がライスしか頼まなかったことがきっかけだった。彼がオーダーしたものを見て、選手の中で先輩格だったマルク・ロセはウェイトレスを呼び、8種類の肉を注文した。そして、そのすべてをフェデラーに試させたのだ。その結果、彼は肉食動物になった。
　いまのフェデラーは、昔よりも様々な種類の料理を食べるようになった。しかし、ほとんどのテニス選手がそうであるように、やはりパスタを食べることが多い。職業柄、世界各地を回るが、食べ物で失敗はしたくない。そうなるとどこに行っても一番無難なのはパスタになるのである。

最長試合

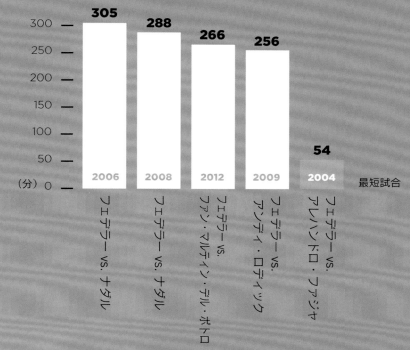

05:05 2006年ローマ大会の決勝戦の5セットマッチで、ラファエル・ナダルに敗れた。

04:48 2008年ウィンブルドン決勝戦の5セットマッチで、ラファエル・ナダルに敗れた。雨天により試合が何度も中断された結果4時間48分に及び、ウィンブルドンにおける史上最長試合となった。

04:26 2012年オール・イングランド・クラブにて開催されたロンドンオリンピックのテニストーナメントの準決勝でフアン・マルティン・デル・ポトロを相手に4時間26分に及ぶ戦いの末、勝利した。1968年にテニスがプロフェッショナルスポーツとして認証されて以来最長の3セットマッチとなった。

04:16 2009年ウィンブルドン決勝戦にて、アンディ・ロディック相手に勝利した。第5セットは16−14、合計77ゲームが戦われ、ウィンブルドンの決勝戦としては最多記録を樹立した。

00:54 フェデラーによる、最短の5セットマッチ。2004年ウィンブルドン選手権2回戦にてコロンビアのアレハンドロ・ファジャを相手に54分で快勝した。

テニス選手は腺熱もしくは伝染性単核球症と呼ばれる病気にかかることを恐れている。この病気のせいで選手生命が絶たれる可能性もあるため、当然である。この病気はフェデラーの選手生命を絶ちはしなかったものの、2008年の彼の体調に多大な悪影響を及ぼした。
　この年、彼は全豪オープンの準決勝でジョコビッチに負け、全仏オープンの決勝戦ではナダル相手にわずか4ゲームしか取れず、それまで5年連続優勝していたウィンブルドンでもナダルに王座を譲ってしまったのだった。フェデラーは、この感染症にかかっていたことを長期間知らなかったが、練習時間を推定20日間程度失ってしまった。もし、彼の担当医がそのことを知っていたら、全豪オープンには出場しないよう強く勧めただろう。
　また、フェデラーも故障から免れることはできていない。彼のように、健康を保ち、コンディショニングに注意を払っていたとしても、テニス選手なら誰でもなんらかの病気や怪我の対処をしなければならないときが来る。
　しかし、いまのところフェデラーは、ナダルやマレーのように、選手人生を延ばすための手術を受けていない。
　「それは、彼がいかに努力してきたか、また、彼がいかに体に負担の少ないプレーをしてきたかということだと思う」。アメリカ出身の元選手、マイケル・チャンはそう評価する。しかし、そのフェデラーも、2013年に腰を痛め、その影響でテニスにも不調をきたした。
　なかには、彼は引退するのではないか、と誤った推測をする人もいた。腰痛は2014年に再発し、ツアーファイナルの決勝戦を棄権する羽目になってしまったこともあった。そのことについて、パガニーニは首を振る。「1000以上の試合を、負傷せずにこなそうと思っても、それは無理な話なのかもしれない」

▶ 30代中盤だが、フェデラーのフィジカル・コンディションは非常に良い状態だ。

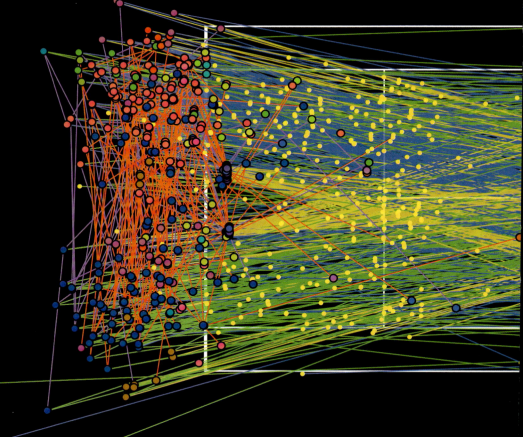

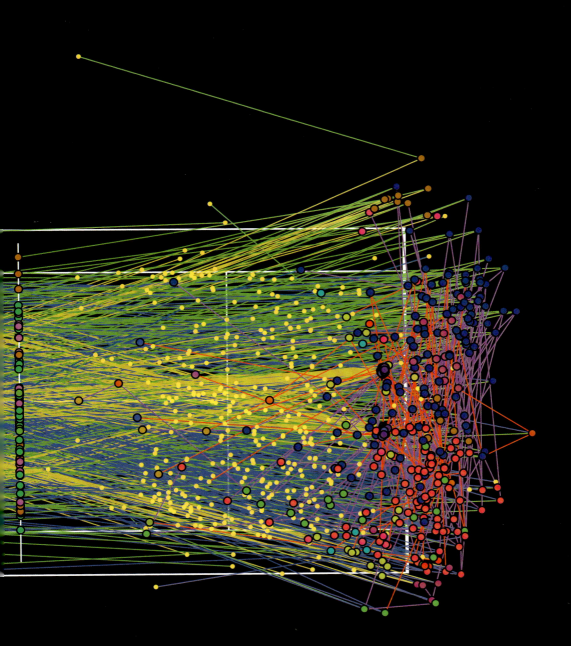

4　囁きのようなフットワーク

5
きつく張られたガット
―STRUNG TIGHT

フェデラーはテニスに関してはどんな些細（ささい）なことにも気を遣う。例えば、ラケット。
彼はグランドスラムの各試合で8〜9本のラケットを用意している。
ガットのテンションもコントロール重視の高いものから、
パワー重視の低いものまで段階的に変えている。
彼がいまもトップでいられる一因はこの繊細さにあるのではないだろうか。

トーナメント中、フェデラーは夕食から部屋に戻ったところで、あるSMSを作成する。内容は2、3の数字の羅列。翌日の試合に使うラケットのテンションを専属のラケットストリンガーに連絡しているのである。キログラムで表されるそのテンションが、彼がイメージした通りのプレーができるか否かを決めるわけだ。

この数字の話は、フェデラーがいかに用意周到かという一例でもある。彼はグランドスラムの各試合で8〜9本のラケットを用意している。ガットのテンションも段階的に変えている。コントロール重視の高いものから、パワー重視の低いものまで…。

熟慮の末に選ばれた数値がストリンガー宛てに送信される。0.5キログラムのテンションの差が、勝敗を決めることもある。「メッセージを送信する前にロジャーは『球の飛び具合はどうか』と自問自答している」とネイト・ファーガソンは証言する。彼の会社、P1つまりプライオリティ1は、10年以上フェデラーのラケットの手入れを担当している。

「球の飛び具合を決める要素は、サーフェス、会場の高度、ボールがどのメーカー製のものかで変わる。ボールによっては毛羽立つのが早く、その場合、球は遅くなる。加えて、試合の条件も勘案しなければならない。対戦相手と天気だ。気温が高ければ高いほど、空気が薄ければ薄いほど、球に距離が出る。これらの要素がすべて混ざり合い、球が重いか、普通か、速いかなどが決まってくる。それらを総合させて、彼はテンションを決めているんだ」

時を経て、二人は親しくなった。フェデラーと彼のラケットをストリングする男の間になぜ友情が生まれるかは想像に難くない。道具がなければ、フェデラーは何もできない。それはいつも飛行機に搭乗するときに大ごとになり、思い知るのだ。「プライベートジェットに乗る際の一つのメリットは、ラケットのフレームを機内に持ち込めることだ。通常の航空会社のファーストクラスを利用する際、ほとんどの場合は機内持ち込み可能だが、会社によっては武器とみなされることもあるため、必ず持ち込めるという保証はない。もしラケットを持ち込めなくなると、ロジャーはラケットが無事かどうか気が気でない状態で搭乗することになる」とファーガソンは言う。

▶ フェデラーは些細なことにも注意する。

FEDEGRAPHICA

リターンゲームのゲーム獲得率

現役選手

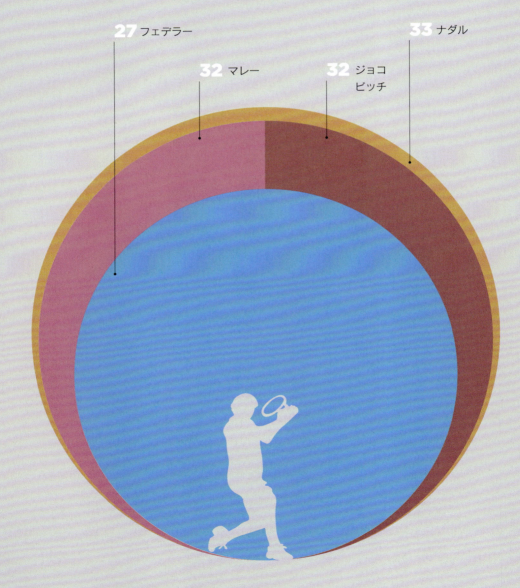

27 フェデラー
32 マレー
32 ジョコビッチ
33 ナダル

元チャンピオン

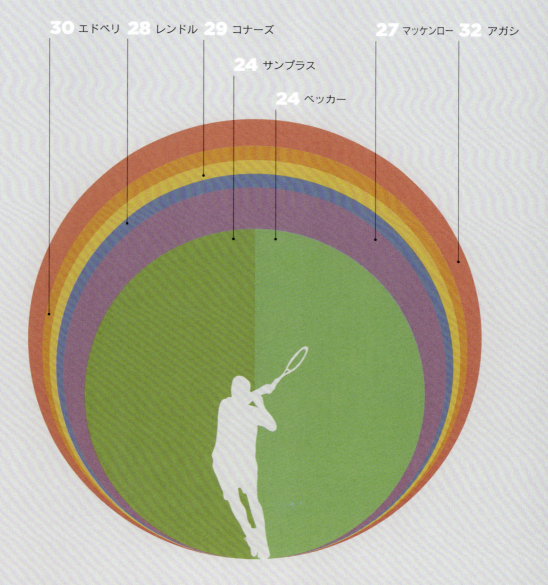

30 エドベリ　**28** レンドル　**29** コナーズ　　　　**27** マッケンロー　**32** アガシ
24 サンプラス
24 ベッカー

5　きつく張られたガット

フェデラーがラケットに払う注意は特別だ。試合中、彼はラケットを交換するタイミングを計るためにゲーム数を数えているくらいである

　フェデラーのラケットの手入れをする仕事は、大きな責任が伴うものだが、つかの間の華やかさも味わうことができた。ファーガソンは、彼が借りていたウィンブルドン・ビレッジの家の玄関のドアを開けると、そこにディナージャケット姿のフェデラーが立っていたことを思い出す。2004年ウィンブルドン選手権終了後の日曜日の夜のことだった。タイトル保持に成功したフェデラーは、チャンピオンズ・ディナーに向かう前に、ファーガソンのところに寄ったのだった。通常は裏方に徹している、地味なラケットストリンガーにとっては、これは映画のワンシーンのような瞬間だった。

　その春のハンブルグのクレーコートでの試合以来、ストリング張りの試用期間だったが、その夜、フェデラーは本採用することを告げにわざわざファーガソンの借家まで来た。タキシードを着たフェデラーは彼に、「一緒にやっていこう」と伝え、それ以来、ファーガソンと彼の仲間のストリンガーたちがフェデラーのラケットのストリングの張り替えをしている。フェデラーは、グランドスラム及びマスターズ級の試合のラケットの手入れのために、年間40,000ドルをプライオリティ1に支払っている。

　フェデラーはパターンや秩序を好む。それらが彼のテニスを形づくっていると言っても過言ではない。サーブのパターンや、フォアハンドの打ち方以外では、ボール交換の際に必ずラケットも交換する。すなわち、最初の7ゲーム終了後、そしてそれ以降は9ゲーム終了ごとに交換されるというわけだ。しかし、交換のタイミングはそこまで単純ではない。フェデラーがサーブするゲームの場合、ボール交換の1ゲーム前か1ゲーム後にラケットを交換する。サーブをするときに、新しいボールと新しいストリングの両方に慣れることを避けるためにそうするのである。

　試合ではどの選手も様々なことに注意し気を遣っているが、フェデラーは特別だ。ファーガソンは言う。「ロジャーはラケットを交換するタイミングを見計らうために、ゲーム数もカウントしている。そんなことをする選手は他にいない」

　フェデラーがラケットを交換するために、RFのロゴが付いたプラスチックの包みを外すときには、ちょっとしたドラマを感じる。包みにはシールが貼ってあり、フェデラーが欲しいラケットが簡単に見つかるようにしてある。そのロゴやシールを貼ることは、フェデラーのラケットを準備する手順のうちのごく一部である。1本のラケットを準備するのに、30分かかるのだという。

　少なくとも、ファーガソンが彼のラケットを担当するようになってからはずっと、フェデラーは16本のメインストリングスにナチュラルガットを使い、9本のクロスストリングスにポリエステルガットを使っている。

　「これはいい組み合わせなんだ。ポリエステルの硬さにより、コントロール感を保ちながら強く打つことができる。このようなハイブリッドガットを使うことで、ロジャーがトップスピンをかけたボールは、急に下降しコートに入る。

ブレーク確率、ブレークをしのいだ確率

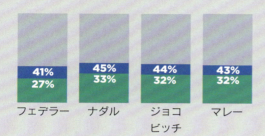

■ ブレークポイントのブレーク確率　　リターンゲームの獲得率

フェデラー	ナダル	ジョコビッチ	マレー
41% / 27%	45% / 33%	44% / 32%	43% / 32%

ブレーク確率（通算）

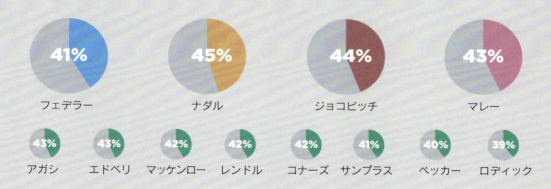

フェデラー	ナダル	ジョコビッチ	マレー
41%	45%	44%	43%

アガシ	エドベリ	マッケンロー	レンドル	コナーズ	サンプラス	ベッカー	ロディック
43%	43%	42%	42%	42%	41%	40%	39%

ブレークをしのいだ確率（通算）

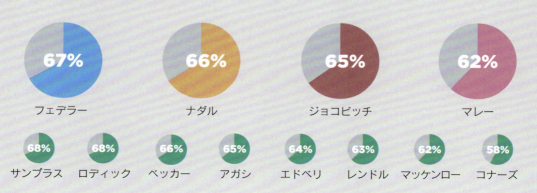

フェデラー	ナダル	ジョコビッチ	マレー
67%	66%	65%	62%

サンプラス	ロディック	ベッカー	アガシ	エドベリ	レンドル	マッケンロー	コナーズ
68%	68%	66%	65%	64%	63%	62%	58%

5　きつく張られたガット

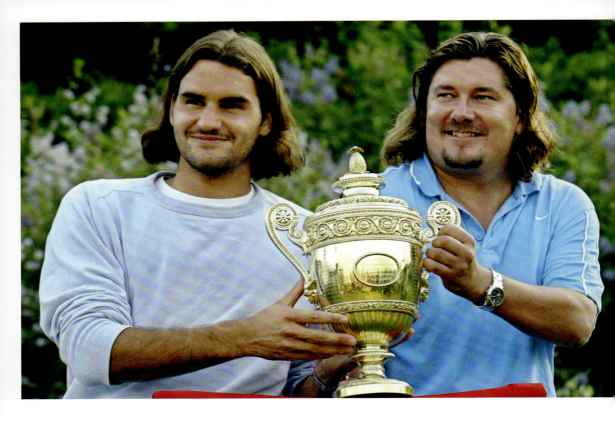

▲ 最初のウィンブルドンタイトルを、当時のコーチ、ピーター・ラングレンと祝う。

　もし、彼がハイブリッドガットではなく、メインとクロスの両方にポリエステルを使っていたら、コントロールはもっと利くかもしれないが、腕と手首への負担が大きく、良いペースでプレーすることが難しくなるだろう。だから、ロジャーは打感維持のための柔らかいストリングとコントロールのための硬いポリエステルという半々の組み合わせにしている。

　また、意外と大事なのは、縦横のストリングがお互いくっつき、ズレにくいということだ。ピート・サンプラスは縦横すべてナチュラルガットを使っていたため、ポイントを戦い終わるたびにカチカチとガットの位置を戻している光景がよく見られた。ガットの間に隙間が空いてしまっていると、打つ際にコントロールが利かなくなってしまうからだ。しかし、ナチュラルガットとポリエステルを組み合わせると、ガットがズレにくくなり、スピンをかけるなどボールのコントロールを高めることができるんだよ」

　ファーガソン本人がフェデラーのラケットのすべてを張るわけではない。しかし、彼の大事なラケットを任せるのに、ファーガソンほどの適任はいない。ファーガソンは、テニス史上最も有名なラケットオタクであるサンプラスの専任ストリンガーとして何年もツアーに随行した経験があったのである。

　「彼のラケットは、デリケートな極細ナチュラルガットを、高いテンションで張ることになっていた。持ち手部分についても細い指示があった」

　ファーガソンは思い出す。フェデラーはサンプラスほどではないものの、いくつ

かのこだわりがあった。ラケットのグリップテープの交換と、ストリングにウィルソンの赤いロゴを印字すること。

また、ファーガソンはあまり実用的なメリットはないと説明したが、それでもフェデラーは（ストリングス同士の摩擦による傷みを軽減するための）プラスチックのストリングセーバーを付けたいということだった。

「ロジャー・フェデラーのように、試合のたびにラケットを張り直している選手にとって、果たしてストリングセーバーは意味があるのだろうか、と不思議に思うこともある。でも、ロジャーの前では口にしない。社の中でそのことについて触れる者もいない。私たちが依頼を受けたとき、彼は世界一の選手で、その選手がストリングセーバーを使っていたのだ。私たちは、彼に何かを言える立場ではない。そのストリングセーバーは入手するのが困難なときもあるが、必ず仕入れてすべてのラケットに付けるようにしているよ」

親しい友人のファーガソンから依頼されても、フェデラーが断り続けてきたことが一つある。それは、壊れたラケットフレームを譲ることだ。ファーガソンは、ねじ曲がったラケットフレームを収集していて、当然フェデラーのものも欲しかった。ファーガソンのフロリダの自宅の作業場には、クライアントが破壊したラケットのコレクションが陳列されている。無残に折れ曲がったラケットには、クライアントの怒り、苛立ち、虚無感、そして歴史が刻まれている。「これらは皆、クライアントが大事な試合で叩き壊したラケットで、一番最初に入手したのはピート・サンプラスのもので、そこから収集し始めたんだ」と彼は言う。

最も希少価値が高いのは、フェデラーが壊したラケットだ。フェデラーは、2009年全仏オープンで優勝し、生涯グランドスラムを達成したときのラケットをファーガソンにプレゼントしたことがあったが、彼が切望するのはそのラケットではなかった。彼がかねてより欲しがっていたのは、2009年マイアミのハードコートにてノバク・ジョコビッチ相手に負けた準決勝でフェデラーがへし折ったラケットだった。

コート中央でフォアハンドのミスを犯した自分に怒ったフェデラーは、ラケットのフレームをコートに思いきり叩きつけ、それをコートの外に投げたのだった。

「本当に欲しいのは、そのラケットだ」とファーガソンは笑う。「フェデラーがコートに叩きつけたラケットであればなんでも欲しいが、もちろん彼はもうこれからはそういうことはしないだろう」

■

ポーターサービスを受ける際、コーラのペットボトルを落とした後の炭酸のように、張り詰めた神経からシューという音が出そうである。テニスバッグやラケットなどの道具を持たずにセンターコートに入場することについてフェデラーは「手持ち無沙汰で、居心地が悪い」と言った。

ウィナーとアンフォースドエラー（UE：ミスショット）
フェデラーが勝利したグランドスラム決勝戦における1セットあたりの平均ウィナー数及びミスショット数

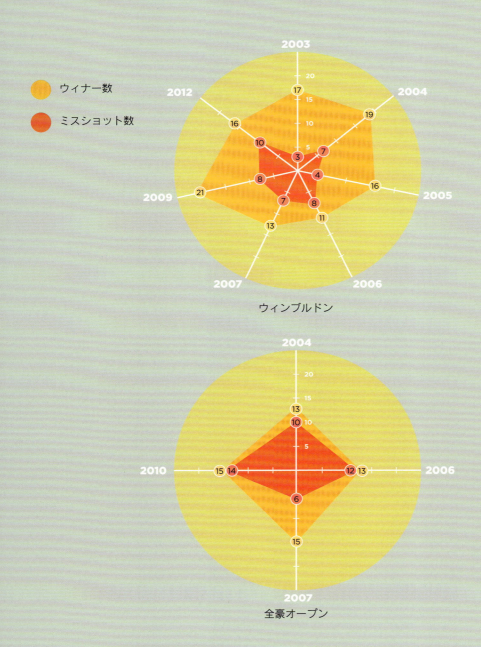

120　FEDEGRAPHICA

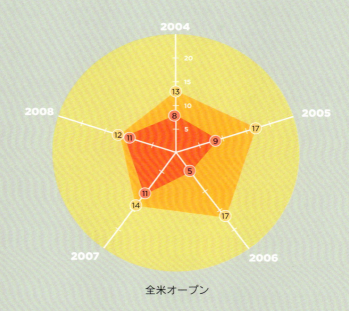

全米オープン

グランドスラム決勝戦における1セットあたりの平均ウィナー数及びミスショット数

5　きつく張られたガット

ウィンブルドン選手権が開催される2週間のうち、最初の6回戦までは、選手たちは自分のバッグを持ってローンコートに入場する。

　決勝戦ではグラスコートまでロッカールーム・アテンダントが選手に同行することになっている。このような、通常と異なる待遇に選手たちは戸惑い、ぎこちない気分になり、人によっては居心地の悪い気分になるという。初めてウィンブルドン決勝戦まで勝ち進んだ2003年、フェデラーと対戦相手のオーストラリア人選手マーク・フィリプーシスはこのポーターサービスを初めて経験した。

　選手とアテンダントがコートに現れるシーン。テニスのポーターたちがラケットや他の道具を試合会場に持ち込むのを横目に見ながら、観客はどちらかの選手がウィンブルドンチャンピオンタイトルを持ち帰ることになるかを予想する。しかし、誰が二人の選手の未来を正確に想像できただろうか。一人は、前シーズンの2002年全米オープンにて4大大会優勝通算14回となったピート・サンプラスを上回る成績を残すことになり、もう一人はグランドスラム決勝戦には二度と勝ち上がれなくなった。

　そして、次は2015年の夏に目を向けてみる。二人のうち、一人は10回目のウィンブルドン決勝戦を戦い、もう一人は米国ロードアイランド州ニューポートにて開催されるトーナメントの予選にワイルドカードとして出場することになる。フィリプーシスは復活を目論んでいたものの、その予選の1回戦にてあえなく敗退することになる。

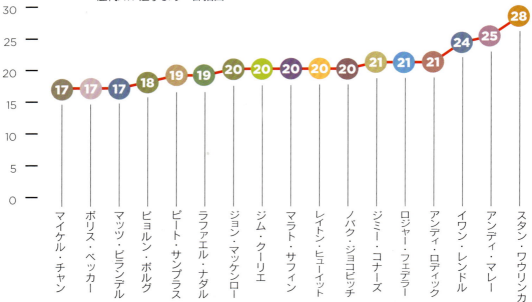

グランドスラム初優勝時の年齢
歴代ATP選手より一部抽出

> 2003年のウィンブルドンでは二人のテニスプレーヤーにとって大きな転機となった。そのうちの一人は、優勝して伝説を築き始めることになる

　2003年のとある日曜日の午後、ロンドンにて、その二人の選手の運命の分かれ道の先がそこまでかけ離れたものになるとは誰も想像していなかった。フィリプーシスは、ウィンブルドンタイトルは手が届くところにあると思っていた。「ウィンブルドンの決勝で戦うことが夢だった。子どもの頃から見てきたんだ。だから、あの日、ロジャーと対戦するためにセンターコートに入場したときの特別な気持ちをいまでも覚えているよ。気分がよかったし、勝てるという自信もあった」

　その試合の少し前にハンブルグにて、フェデラーが得意としているクレーコートで二人は対戦し、フィリプーシスが勝利していた。今回のグラスコートでは、スカッド（ソ連が開発したミサイル）とも呼ばれ、（方向はミスすることもあるが）強力なサーブを持つ自分の方が有利だと思うのも無理はなかった。

　また、それまでの戦績を比較しても、フェデラーはグランドスラムの決勝戦の出場経験はなかったが、フィリプーシスは1998年の全米オープンにてパトリック・ラフターに次ぎ準優勝した経験があった。今回のウィンブルドンを除くと、フェデラーはグランドスラムの準々決勝までしか勝ち進んだことがなかった。2001年のウィンブルドン4回戦にてピート・サンプラスを破ったフェデラーは、有望株であると世界に示していたが、その後、精神面の懸念により4大大会にて成績を残すことは難しいのではないかとも言われていた。フェデラーに才能があったことは誰も疑わなかった。しかし、彼がその期待に応えられるかどうかはまた別の問題だった。

　2002年、ヨーロッパにて行われた二つのグランドスラムで一度も勝利できなかったことを受け、フェデラーは自信を喪失していた。精神的に落ち込み、不安定になっていた。コーチのピーター・ラングレンは、テニスをしていても、フェデラーらしいプレーが影を潜めていると感じた。ウィンブルドンのわずか1ヵ月前の2003年全仏オープンで、フェデラーの状態はさらに悪化した。1回戦でペルーのルイス・オルナに敗れ、フェデラーの才能を信じていたファンたちを大きく失望させてしまったのだ。

　試合後にフェデラーは「この敗北を乗り越えるために、どれくらいの時間が必要か、自分でもわからない。一日、一週間、一年、もしくは、一生涯か」と肩を落とした。フランスのレキップ紙は翌朝の見出しで、フェデラーは「穏やかな海で難破した」と伝えた。2001年ウィンブルドンにてピート・サンプラスに勝利して以来、フェデラーはヨーロッパのグランドスラムで勝ったことがなかった。後年、彼がそのときに感じていた気持ちを振り返ると、最も嫌だったのは、負けたということよりも「もっとできたはずだと思いながらコートを去らなければならなかったこと」だったと言う。

　フェデラーが初めてグランドスラム決勝戦に出場した日は、彼が22歳になる数週間前だった。選手としてはもう若くない年齢、とまではいかないにせよ、偉大な選手たちが初めてグランドスラムタイトルを獲得した年齢よりは上だった。ラファエル・ナダルの初優勝は、彼が19歳のとき（2005年全仏オープン）。

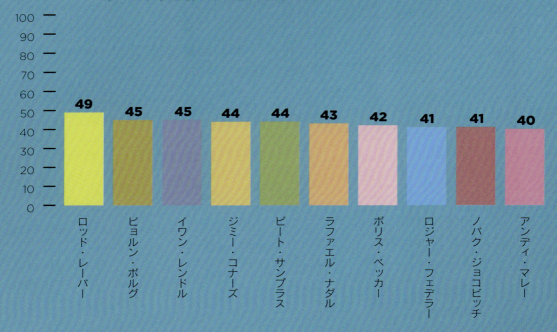

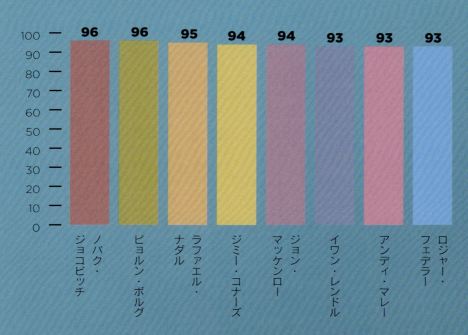

第5セットの勝率

- 77 ラファエル・ナダル
- 76 ノバク・ジョコビッチ
- 71 アンディ・マレー
- 55 ロジャー・フェデラー

他のレジェンドたちと比べると、フェデラーがグランドスラムを初めて制した年齢は上だったが、その後瞬く間に彼らの記録を抜き去ることになる

ノバク・ジョコビッチは20歳だった（2008年全豪オープン）。
「ロジャーはもっと良い成績を残すことを期待されていたが、精神的に成熟しておらず、不安定だった」とラングレンは振り返る。その時点では、ピーター・カーターの死がフェデラーにいかに大きな影響を与えているかを把握できていなかったようだ。

また、大会序盤に負傷したため、体調にも懸念があった。スペインのフェリシアーノ・ロペスとの4回戦で、試合前のサーブ練習中に腰を痛めてしまったのだ。彼は、サーブもリターンもできず、座ることさえ難しい状態だったため、欠場することも検討した。「このまま戦い続けてなんになる？」と自問自答したが、早晩に痛み止めが効き、欠場は免れたのだった。

フェデラーが記録的な数のグランドスラムタイトルを獲得する最初の一歩としてフィリプーシスを下したことについて、歴史的必然性があると考えたくなるかもしれない。しかし、当時はそうは見えなかったようだ。「フェデラーの才能や可能性に夢中になるのはいいが、まず彼は、何百万人もの観客の前のセンターコートで4大大会のどれかを優勝しなければならない。実際に才能があり、可能性があることを証明しなければならない。また、彼のフィリプーシスとの試合の結果だけでは、才能を証明できたとは言い難い」と決勝戦当日の朝刊のコラムにジョン・マッケンローは書いた。その芸術的なプレーをする選手が、テニス界を席巻するということを予想していた者は誰もいなかったのだ。

決勝戦の数日前に、マッケンロー、ボリス・ベッカー、マルチナ・ナブラチロワらが署名した公開書簡が国際テニス連盟の会長、フランチェスコ・リッチビッティのもとに提出されたばかりだった。彼らは、現代のテニスは「バランスを欠いており、深みがない」と言い、ラケットヘッドの大きさを縮小すべきであると提案した。少なくとも当時の彼らは、フェデラーの時代が、すなわち戦略的で精密なテニス選手の黄金時代が到来するとは想像すらしていなかっただろう。

さて。いまだにフィリプーシスは、あの第1セットでタイブレークを取れなかったことを悔やんでいるそうだ。ミニブレークでリードしていたにもかかわらず、フォアハンドのボレーを打ち損ねてしまったのだ。その球は、わずか数ミリでアウトとなった。フィリプーシスのミニブレークは失われ、フェデラーがタイブレークから勢いを得て、ストレートで勝利した。オールド・ボーイズ・テニス・クラブでは喜びのあまり涙を流し、そしてシャンパンで乾杯したとセップリ・カコフスキーは言う。

フェデラー自身も涙した。フィリプーシスは言う。

「私を下したあの日が、ロジャーの快進撃の始まりだった。その後、彼は連勝し続け、過去誰も成し遂げたことのないことを成し遂げ、テニス界を圧倒した。

あの当時、彼がグランドスラムをいくつも優勝し、世界一になれると思っていたか？　もちろんだ。彼がやってのけたように、テニス界を席巻すると思っていたか？

答えはノーだ。フェデラー自身は、テニス界を席巻できると思っていたか？ 多分、答えはノーだと思う。

彼が成し遂げたことは本当に特別なことだった。彼は信じられないほどの才能を持っており、何をやっても負けないと思えるようになるまで、どんどん自信をつけていった。しかし、私としては、ロジャーはその後偉業を成し遂げた選手だと自分にいくら言い聞かせても、自分の敗北を受け入れることが楽になるわけではなかった」

その日、センターコート脇のBBCコメンテーター席に座っていた解説者であり、フェデラーの長年の憧れでもあったボリス・ベッカーは、フェデラーのテニスを見て、「未来が到来した」と解説した。ドイツ語訛りの英語で、この新しいウィンブルドンチャンピオンを「完璧だ。まるで動く詩のように美しい」と言い表した。

その夜、フェデラーはタキシードを着て、ロンドン中心のストランド通りにあるサボイホテルで5コースのチャンピオンズ・ディナーを楽しんだ。メニューは、スモークサーモンのアボカドムース添え、チキンのコンソメスープトマト風味、牛ヒレ肉の野生キノコ添え、チョコレート・ミルフィーユ、コーヒーと一口サイズのケーキ。食事とともに、ワイン、ポルト、コニャックなども嗜んだ。

オール・イングランド・クラブのメンバーに向けた彼のスピーチでは（優勝することにより、彼もメンバーになったのだった）、「時間があるときに、メンバーの方々とのんびりラリーでもできれば嬉しい。もしプレーしたい方がいれば、気軽に連絡してください」と言って微笑んだのだった。

優勝の2日後、彼は専用機でアルプスのウィンブルドンとも呼ばれるグシュタードに降り立った。そこで、トーナメント・ディレクターからスイス初のグランドスラム優勝者として称賛され、記念に伝統的な鈴と花を付けたジュリエットという名の牛を贈呈された。農夫でもあるディレクターの興奮した声が会場に響きわたった。「この牛は800キロだが、ロジャーのサーブの半分程度のパワーしかない」

アンドレ・アガシはあるとき、「テニスの知られざる秘密は、グランドスラムを初優勝しても、成功の証（夕食会、ジェット、牛）を手に入れられる以外は何も変わらない」と言った。1992年に、同じくウィンブルドンで初優勝したアガシにとってはそうだったかもしれない。しかし、フェデラーにとってはそれがすべてではなかった。

フェデラーは、ウィンブルドンのチャレンジカップを抱きしめながら、新生児を抱きしめているようだと言った。優勝は、彼の世界のほぼすべてを変えた。彼が彼自身をどう捉えるか、テニス仲間間での地位、将来の野望などを含め、すべてが変わったのだ。

新しいフェデラーが誕生した。このリローンチ・モデルは、以前と比べると、硬さが加わっていた。わかりやすい例を挙げてみよう。アメリカのテキサス州ヒューストンのウェスト・サイド・クラブにて開催された、2003年シーズン最後の大会の舞台裏でのエピソードだ。

ウィンブルドンで優勝したフェデラーを見てベッカーは「未来が到来した」と感嘆の声を上げた。そして言った。「完璧だ。まるで動く詩のように美しい」と

5 きつく張られたガット

フェデラーのグランドスラム戦績

	2003	2004	2005	2006	2007	2008
全豪オープン	4回戦	優勝	準決勝	優勝	優勝	準決勝
全仏オープン	1回戦	3回戦	準決勝	決勝	決勝	決勝
ウィンブルドン	優勝 [1]	優勝	優勝	優勝	優勝 [2]	決勝
全米オープン	4回戦	優勝	優勝	優勝	優勝	優勝

[1] 「未来が到来した」。2003年にウィンブルドンでロジャー・フェデラーがグランドスラム初優勝したのを見て、ボリス・ベッカーが言った言葉。

[2] ウィンブルドン5連覇を達成。ビョルン・ボルグ以来、史上2人目。

決勝	優勝	準決勝	準決勝	準決勝	準決勝	3回戦	
優勝 **3**	準々決勝	決勝	準決勝	準々決勝	4回戦	準々決勝	
優勝	準々決勝	準々決勝	優勝 **4**	2回戦	決勝	決勝	
決勝	準決勝	準決勝	準々決勝	4回戦	準決勝	決勝	
2009	2010	2011	2012	2013	2014	2015	

3
2009年の全仏オープンで優勝し、生涯グランドスラム（選手としてのキャリアのうちに、世界４大大会のすべてを最低一度ずつ優勝すること）を達成。

4
ウィンブルドン７回優勝の最多記録達成。史上初はウィリアム・レンショー、その約１世紀後にピート・サンプラスが達成。フェデラーは史上３人目。

ウィンブルドン優勝は、フェデラーの世界のほぼすべてを変えた。彼は自分を信じられるようになった。新しいロジャー・フェデラーが誕生したのである

フェデラーが間もなくコートに入場しようとしていたタイミングでのことだった。

地元では「マットレス・ジャック」と呼ばれる寝具の豪商でもあり、トーナメントチェアマンでもあったジム・マッキングベールが、設備の質について不適切な発言をしたフェデラーを叱責するためにロッカールームにやって来た。フェデラーは、(真偽のほどはわからないが)歪んだコートと、ネットなしで練習しなければならなかったことについて意見した。その会話で、落ち着きを失ったフェデラーだったが、その後立ち直り、アンドレ・アガシのマッチポイントを抑え、その総当たり戦を制したのだった。その後、観客の大半が熱烈にアガシを応援する中、寝具王にとって不愉快なことに、決勝戦でもアガシを下し、1週間で2回アガシに勝利したのだった。

その数日後、新しいフェデラーは大きな決断を下した。(将来を嘱望されていたが)世界シニアランキングからは程遠かった十代の頃からお世話になっていたコーチ、ラングレンとの関係を解消することにしたのだ。二人の関係は、スイスのビールから始まり、二人三脚でウィンブルドンを制し、初タイトルを獲得した。フェデラーはこの決断に至るまでに「長期間の熟慮が必要だった」そうだが無理はない。彼はあの日のオール・イングランド・クラブでの優勝が、師弟関係の力学に変化を及ぼしたのではないかと考えている。

「以前は、自分がコーチを尊敬していたのが、突然それが逆転し、コーチが自分を尊敬し始めてしまった」。フェデラーがこれまでラングレンに抱いていた尊敬の念が、少しずつ薄れてきてしまったのだった。数日間の休養を経て戻ってきたフェデラーはラングレンに電話した。彼は落ち着かない様子で、今後のトレーニング計画に関するラングレンの考えを説明するよう求めた。そのとき、フェデラーは思った。「ロジャー、目を覚まさないと電車に乗り遅れるぞ。お前はその電車にどうしても乗らないといけないんだ」と。

フェデラー本人の一番大きな変化はなんだったか。それは、彼が自分自身を信じられるようになったことだ。グランドスラム初タイトルは、彼から自己不信を取り除いた。昔からフェデラーは、自分の腕には自信があり、4大大会でも勝てるくらいの才能が宿っている信じていた。しかし、彼は自分の「頭と脚にもそれが宿っているかどうか」確証が持てず、自問し続けた。そして、ようやく自分の力でその答えを見つけることができたのだった。

マッケンローは、フェデラーがそのウィンブルドンで優勝できたら、「心の霧が晴れるかもしれない」と言った。実際は、霧が晴れただけでなく、雲をも蹴散らし空高く飛び立っていったのだった。

▶ ウィンブルドン優勝の喜びを全身で表したフェデラー。

6
世界最強
—THE GREATEST

302週間——。フェデラーが世界ランキング1位にいた期間である。
2003年のウィンブルドンで優勝して以来、彼はトップを走り続けている。
歴史を塗り替え続け、誰もが彼を「世界最強の選手だ」と称賛したその軌跡を追う。

ロジャー・フェデラーの試合をどう見るかは、スタジアムのどの位置にいるかによる。スタンドにいるギャラリーは、フェデラーのテニスを見て優雅だと感じる。コートにいるフェデラーは、試合構成やパターンなどについて考えている。その一方で対戦相手は、カオスと無秩序しか見えない…。

過去、何人かの選手が「ベビー・フェデラー」と呼ばれた。最初に呼ばれたのは、リシャール・ガスケだった。その次は、グリゴール・ディミトロフだった。彼らは、そう呼ばれることを誇らしく思った。フェデラーのようなテニスをする選手は世界のどこにもいない。まだまだ程遠いのだ。カナダのミロシュ・ラオニッチは言う。

「ロジャーは、本当に多彩なことができる選手だ。彼と対戦し、そのときの教訓から今回はこうしようと考えて次回試合に臨んだとしても、フェデラーは前回とは全く違うスタイルで戦うかもしれない。そうなると、自分が彼の新しいスタイルに合わせて調整するしかない。ある試合では、彼はすべてのリターンをチップして勝つかもしれない。しかし次回は（前回はチップし続けて勝ったにもかかわらず）逆にトップスピンをかけた球を多数打つかもしれない。彼のテニスは変化に富んでいる。それができるのは、彼が自由自在にどのようなプレーでもできる能力を持っているからだ。私が知る限り、彼は世界中で最も高い能力を持ち、最も多次元に及ぶ深みのある選手だ」

テニス界の誰でもそうだが、フェデラーが子ども時代から憧れていた選手たちも、何をすればフェデラーを動揺させることができ、彼との試合に勝つことができるか、想像もできないようだ。例えば、ピート・サンプラスは、「ロジャーのテニスには、狙うべき穴がない」と言う。「想像力があり、良いタッチと感覚、そしてコート上のセンスが備わっている。また、どのようなプレーをしたいか、明確なビジョンがある」。そのような選手のテニスには、欠点がないのだそうだ。

2014年にノバク・ジョコビッチのコーチとして、テニス界のトップに帰ってきたボリス・ベッカーは、ノバクがフェデラーに勝つためにはどうすればいいか四六時中考えていたという。しかし、「ロジャーには弱点がないため、攻略法を見つけることは困難だった」と告白する。フェデラーはボールを自由自在に操ることができるため、

▶ フェデラーのベストパフォーマンスのいくつかは2005年の全米オープンで起こった。

FEDEGRAPHICA

コート上でできることは無限大だ。「ロジャーを単純に"ベースライナー"とか"サーブ・アンド・ボレーヤー"に分類することはできない。彼はなんでもできるんだ」

しかし、最も的確な表現でフェデラーのことを言い表したのは、他でもない、グランドスラム決勝の対戦相手、アンドレ・アガシだった。それは、2005年の全米オープン決勝戦でフェデラーに敗れた直後のことだった。

「否定しようとしても、もはや否定し続けることはできない。彼はいままで対戦した選手の中で一番だ。サンプラスは素晴らしい選手だ。間違いない。しかし、まだピートには勝つための取っ掛かりがあり、自分が何をすれば彼に勝てるかわかっていた。それをできれば、試合を自分のペースで進めることができる。ロジャーには取っ掛かりが全くないんだ。すべてのポイント、すべてのショットを完璧に打たないと負けてしまうという切迫感があった。それができれば、"もしかしたら"ポイントを取れる可能性があるかもしれない、という気持ちになる。それだけすごいんだ。彼はいままでに見たことがないような、特別なテニスプレーヤーだ」

■

ロジャー・フェデラーと将来の妻であるミルカ・ヴァヴリネックは、ビーチでゆったりと日光浴をしていた。オフシーズンの初めだった。2004年は、フェデラーにとって心身ともに消耗していたので、飲み物をオーダーするためにラウンジチェアから起き上がることさえできないでいた。二人はしばらくの間、言葉を交わさず、寝そべっていた。突然ミルカが、それまでの沈黙の間にしたためていた言葉を口にした。

「ロジャー、あなたがここまでやり遂げてきたこと、本当に信じられないわ。たくさんの数の試合と大会を総なめにして。本当にすごい！」。それ以降何年も、そうすることが恒例になった。ミルカはきまって海辺のラウンジチェアからシーズンのコメントをした。それはフェデラーにとって、一年で最も嬉しい瞬間になった。

「いつも自分が達成したことについて振り返る時間がなく、それがようやくできるのは、ミルカと余暇を楽しんでいるときになることが多い。ミルカが、いろんなことを頑張った私を誇りに思っていると言ってくれると、それが私にとって最高の瞬間になるんだ。そういうときには、自分について心から自信を持ち、本当にいい気分になれるんだ」

フェデラーの才能は、対戦相手をなぎ倒し、それまでのテニス史もなぎ倒した。2004年から2007年まで、フェデラーは最高のテニス選手であっただけでなく、"世界一のスポーツ選手"だった、とトニー・ナダルは言う。

その黄金時代のフェデラーは、世界中のどのテニスコートでも、ほとんど無敵だった。彼が倒される可能性があったのは、

トニー・ナダル曰く、「2004年から2007年までのフェデラーは最高のテニス選手であっただけでなく、世界一のスポーツ選手だった」。ジョン・マッケンローには「いままで見た選手の中で、ロジャーは最も器用で、最も才能のある選手かもしれない」と言わしめた

完璧を追求し続ける
フェデラーがキャリアで最も支配的だったのは、何年だっただろうか。

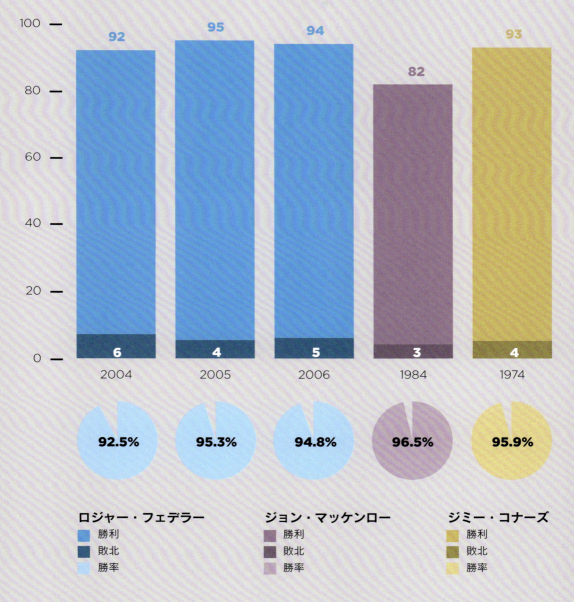

6 　世界最強　　137

▲ 当時のコーチ、トニー・ローチとウィンブルドン・トロフィーを観察するフェデラー。

ローラン・ギャロスにおけるラファエル・ナダルとの試合か、ヨーロッパのクレーコート・サーキットでだけだった。

「ロジャーは、見惚れるほど美しいテニスをする。同時に、圧倒的に強かった」

トニー・ナダルは言った。2003年のウィンブルドンタイトルを獲得してから、フェデラーにとって、様々なことがうまく回り始めたことは注目に値する。

全豪オープンの準決勝にて、フアン・カルロス・フェレーロに勝利し、翌年の1月末には、フェデラーは初めて世界ランキング1位の座についた。決勝戦でマラト・サフィンを破った際に、そのロシア人選手からこのような賛辞を受けた。「魔術師に負けたようだ」と。

また、試合を観戦していたジョン・マッケンローには、こう言わしめた。「いままで見た選手の中で、ロジャーは最も器用で、最も才能のある選手かもしれない」と。その年に、ウィンブルドンと全米オープンでも優勝し、4大大会年間3冠を達成。1988のマッツ・ビランデル以来の快挙となった。2004年の4大大会での唯一の敗北は、ブラジルのグスタボ・クエルテンとの全仏オープン3回戦だった。

フェデラーのキャリアが加速すると、テニス好きによる談義も加速した。1年半前までは、フェデラーには4大大会での優勝は無理だという声もあった。しかし、2005年のシーズン前までには皆がフェデラー信者になり、年間グランドスラムを達成できるか否かというのがもっぱらの議論のネタとなっていた。それは、1969年のロッド・レーバー以来、誰も達成できていない記録だった。2005年の全豪オープンの数日前に、誰かがフェデラーにその可能性について言及したところ、彼は笑った。

郵便はがき

料金受取人払郵便

本郷局承認

9437

差出有効期間
平成30年2月
28日まで

１１３８７９０

東京都文京区本駒込5丁目
　　　　　　　　16番7号

東洋館出版社
営業部 読者カード係 行
（スポーツ本）

ご芳名	
ご住所	〒
年　齢	歳　　**性　別**　　男　・　女
ご職業	1. 会社員　　2. 公務員　　3. 教育職 4. 医療・福祉　　5. 会社経営　　6. 自営業 7. マスコミ関係　　8. クリエイター　　9. 主婦 10. 学生　　11. フリーター　　12. その他（　　　　）
お買い求め書店	

■アンケート（表裏）にご協力いただいた皆様の中から毎月抽選で上記の希望誌を送付いたします。
■ご記入いただいた個人情報は、当社の出版・企画の参考及び新刊等のご案内のために活用させていただくものです。第三者には一切開示いたしません。

Q ご購入いただいた書名をご記入ください

(書名)

Q 本書をご購入いただいた決め手は何ですか。

(　　　　　　　　　　　　　　　　　　　　　　　　　　　　)

●お買い求めの動機をお聞かせください。

1. 著者が好きだから　2. タイトルに惹かれて　3. 内容がおもしろそうだから
4. 装丁がよかったから　5. 友人、知人にすすめられて　6. 小社HP
7. 新聞広告(朝、読、毎、日経、産経、他)　8. WEBで(サイト名
9. 書評やTVで見て(　　　　　　　　　　)　10. その他(

Q 本書へのご意見・ご感想を具体的にご記入ください。

Q 定期的にご覧になっている新聞・雑誌・Webサイトをお聞かせください

Q 最近読んでおもしろかった本は何ですか?

Q こんな本が読みたい! というご意見をお聞かせください。

ご協力ありがとうございました。
弊社新刊案内等をご希望の方はPCメールアドレスをご記入ください。

　　　　　　　　　　　　　　　　　@

「奇跡みたいなことなのに、皆は簡単に達成できることだと思っているみたいで、笑ってしまう。歴史を見るとわかると思うが、年間グランドスラムを達成するのは、ほぼ不可能に近いんだ。もちろん、それを達成することができたら、私は世界一幸せな男だ」

レーバーが成し遂げた偉業がすごいのは、彼は2度も年間グランドスラムを達成していることである。それゆえにレーバーのオーラは格別だ。アンディ・ロディック曰く、あのジョン・マッケンローのレーバーの前での振る舞い方は、ジャスティン・ビーバーのコンサートで最前列に座っている女子中高生のようだったらしい。

フェデラー以前は、レーバーが「史上最高」と言われていた。しかし、レーバー本人は、2004年のフェデラーの数々の試合を観戦し、そのレベルの高さに圧倒され、「ロジャーの比較対象となるだけで光栄だ」と話した。その時点で、フェデラーはまだグランドスラムを4回「しか」獲得していなかったが、すでにレーバーは彼のことを「信じられない才能の持ち主」であり、彼こそが「史上最高のテニス選手」ではないかと言うほどだった。

「誰かが、レーバーのコメントを見せてくれて、それを読んだときは嬉しくて嬉しくて、長い間にやけていた。本当に光栄なことだった。驚くべき記録を持った伝説の選手からそのような評価を受け、本当に嬉しかったよ」

しかし、ことは期待通りに運ばなかった。フェデラーの2005年年間グランドスラムへの挑戦は、全豪オープンの準決勝でマラト・サフィンに敗れ、叶わなかった。このロシア人選手との対戦では、フェデラーはマッチポイントまで行った。ロブが来たところを、追いかけ普通のショットで返す時間もあったが、なぜかリスクの高いツイーナー（股抜きショット）を打ってしまった。サフィンはそれをなんなく叩き返したのだった。

その年、フェデラーはウィンブルドンと全米の2冠を達成し、通算グランドスラムを6回にまで引き上げた。その記録を達成したときは、感動もひとしおだった。というのも、彼の憧れだったステファン・エドベリとボリス・ベッカーに並ぶことになったからだ。

フェデラーは後世に名を残したいという野望を持っていた。「テニスのために一生懸命生きていかなければならない。負傷しないように気をつけ、健康でいなければならない。チャラチャラしていたら、世界一の選手にはなれない。常に真剣に、プロフェッショナルとして行動し、それを長期間継続しないといけない。それが普通のいい選手と伝説の選手との違いだ。伝説の選手は、その状態を長期間維持することができる。私が達成したいのはそれだ。伝説になりたい」

フェデラーが達成したことを見返すと、人によっては、彼はすでに伝説の選手であると言うかもしれない。彼の地位は、年間グランドスラム完全制覇に最も近づいた2006年と2007年にさらに向上した。いずれの年も、全豪オープン、ウィンブルドン、全米オープンで優勝した。全仏オープンの決勝戦まで進出したが、2年ともナダルに

負けてしまった。

　全仏ではナダルに屈したものの他のサーフェスで彼に負けることはなかった。そのため、フェデラーは2年間で、多くの勝利を挙げることができた。フェデラーのキャリアにおける最高年間勝率は、2005年の95.3%で、戦績は81勝4敗だった。戦績が92勝5敗だった2006年の年間勝率は94.8%。次に高かったのが2004年の92.5%で、74勝6敗だった。

　フェデラーが1セット落とすだけでも、ニュースとして取り上げられた。「ロジャーのテニス全体が作品だった。ある一つの試合やあるトーナメントを挙げて、それがロジャーの最高のパフォーマンスだったと言うのは難しいだろう」とピート・サンプラスは言う。「その数年間、フェデラーには圧倒的な力があり、他の選手に危機感を感じたことはなかったはずだ。彼は他の選手よりも数段上だった。調子がよくないときでも勝つことができた。彼の地位を脅かすことができる選手は誰もいなかったのだ」

　グランドスラムを7回優勝したマッツ・ビランデルは、フェデラーは彼と同世代の選手、特にアンディ・ロディックとの対戦で評価されるべきと主張する。フェデラーは1981年生まれで、1986年生まれのナダルよりも5歳年上で、ノバク・ジョコビッチとアンディ・マレーの6歳上だ。彼らは、フェデラーと同じ世代ではない。しかし、フェデラーより1年遅い1982年に生まれたロディックは同世代だ。

　「ロジャーとロディックとのライバル関係はもっと注目されるべきである。ロジャーの選手人生のピーク時のライバルはロディックだったし、当時はロディックもピークを迎えていた。彼の世代、すなわち、前後1、2年以内の選手たちとの対戦結果を見ると、ほとんど誰も彼を負かすことができていない。フェデラーと同世代、特にロディックとの戦績は驚異的だった」。ビランデルは続ける。「ジョコビッチ、ナダル、マレーといった他の世代とも互角に戦えるフェデラーは、途轍もない選手だ。普通、5、6歳下の選手と互角になんか戦えないものだ」

　ロディックはグランドスラムで一度優勝し、世界ランキング1位の座についたこともあったが、フェデラーにはついていけなかった。全部で24回対戦したが、3回以外は主審の「ゲーム・セット・アンド・マッチ、ロジャー・フェデラー」と言う声とともに試合は終了した。二人がグランドスラムの決勝戦で戦った試合は4回あったが、いずれもフェデラーが覇者となった。結果もそうだが、フェデラーがロディックに勝利する過程を見ると、このライバル関係は不均衡であることが明らかだ。そういう意味では、二人はライバルだったとは言えないかもしれない。

　フェデラーがロディックよりも優勢だったことの最もわかりやすい例は、2007年全豪オープンの準決勝ではないだろうか。試合前にロディックは自信満々だったが、実際に試合をしてみると、わずか6ゲームしか取ることができなかった。

　ロディックは当時のことを「悔しかったし、惨めだったし、ムカついたし、とにかくすべてが最悪だった。でも、そう感じた以外は、結構な試合だった」と皮肉った。一方のフェデラーは、自分でも驚くようなパフォーマンスだったと言う。「いままで

も調子がいい試合はあったが、相手を完全に潰しそうになったのは、そのときが初めてだった」

しかし、そのメルボルン・パークでの試合よりもさらに素晴らしい対戦が一度だけあった。それは、やはりオール・イングランド・クラブのグラスコートでだった。他のどの会場よりも、フェデラーはウィンブルドンで最も安定的に素晴らしいプレーをするのだった。

■

ビョルン・ボルグは、ロジャー・フェデラーとの関係は、2001年のウィンブルドン選手権にまで遡ると言う。その夏、ボルグの単独記録であった、ウィンブルドン5連覇に並ぼうとしている男がいた。男の名はピート・サンプラス。彼は過去4連勝しており、次も勝つ可能性が高いと言われていた。

アイスボルグ（アイスバーグ＝氷山、冷淡な人）とも呼ばれたボルグは、それらのタイトルを獲得したとき（1976年から1980年まで）は落ち着き払っていたが、2001年のロンドンでサンプラスがベスト16まで勝ち進んでいく過程を、固唾を飲んで見ていた。今回は少しばかり落ち着きを失い、（アイスボルグなだけに）溶け始め、汗を掻き始めていた。

サンプラスは常に安定飛行してきたわけではなかった。地元イギリスのワイルドカードとして出場したベリー・コーワンは、サンプラスにとっての乱気流となった。サンプラスは最終的に勝利を挙げることはできたが5セットを要した。そして、次の4回戦で彼は敗れたのだった。

倒したのはフェデラーだった。興奮したボルグは、フェデラーの電話番号を調べ上げ、電話した。おめでとうと伝えるためでもあったが、主に失いかけていた単独記録維持に一役買ってくれたことに感謝するためだった。

ボルグはそれからフェデラーに好意を持つようになった。フェデラー自身が彼の記録に並ぼうとしたときには、あまり気にならなかったようである。2006年の決勝戦でナダルを下し4連覇したとき、フェデラーの提案により、彼とボルグはドバイで練習することになった。ボルグはそのときのことを「素晴らしいひと時」だったと微笑んだ。フェデラーは、ボルグの打球の鋭さに心底驚き、ボルグに定期的な練習パートナーになるようお願いしようかと思ったくらいだった。「ボルグのバックハンドは変わっていなかった。昔のビデオの中の彼と同じだったよ」

翌年の夏、フェデラーはウィンブルドン5連覇を狙っていた。ボルグも観戦に訪れた。1981年の決勝戦で敗れて以来、その「神聖な場所」を訪れるのは2度目のことだった。一度目は、チャンピオンのミレニアム・パレードというイベントに参加するためで、断れる状況ではなかった。今回、ロイヤル・ボックス席の1列目に座り観戦することになったのは、彼自身の決断によるものだった。

▶次頁：2005年全米オープン。フェデラーはアガシと対戦した。

6　世界最強

> フェデラーが最も輝きを放ったのはウィンブルドンだ。彼のショットが最もいきたのがグラスコートであり、彼の性格はその伝統の重みと重なっていた

フェデラーはウィンブルドンでのボルグのように、迷信やジンクスにとらわれる方ではない。ボルグは、同じホテルに泊まり、同じロッカーを使い、同じ椅子に座り、同じ数のタオルを準備し、トーナメントで優勝するか敗退するまでは剃毛とセックスを絶つことにしていた。しかし、ボルグはフェデラーは自分に似たところが多分にあると感じていた。特に、コート上での振る舞い方がそうだ。

「ロジャーは感情をあらわにすることがない。そこは私と似ていると思う。もちろん、彼も他の人と同じように思いや感情はある。でも、それをスタジアムの全員に見せようと思わない。彼は熱い男だが、コート上ではクールな男なのだ」

フェデラーの決心と感情のコントロールが最も試されたのは、そのウィンブルドン決勝戦で、彼が「生きた伝説」と呼び尊敬した元チャンピオンの前でナダルと戦ったときかもしれない。

フェデラーのテニス人生のほとんどは、オール・イングランド・クラブの緑と紫に輝くプリズムに見守られてきた。グランドスラムの中でも、フェデラーが最も活躍してきたのはウィンブルドンだった。子どもの頃、自宅の車庫の壁や台所の戸棚に壁打ちしていなかったときは、クレーコートでテニスをしていた。そのため、最初はクレーコーター（クレーコートを得意とする選手）だった。

ただ、彼のアタック型のテニスに最も適していて、ショットが最もいきたのはグラスコートだった。彼は昔から、グラスコートの感触と音が好きだった。また、ウィンブルドンが象徴するもの、すなわち、伝統を重んじること、派手でなく控えめであること、そして卓越性を追求し続けること、それらはフェデラーがテニスで重んじるものと重なっていた。

1998年の夏に、フェデラーが唯一のジュニアグランドスラムタイトルを取ったのは、他でもないウィンブルドンでだった。フェデラーが初めてシニアの部の1回戦に出場した際、ジュニアで優勝したときのままの緊張感で臨んだ。ネットが異常なほどに高く見えたため、審判に高さの再確認を求めたほどだ。そこはウィンブルドンで、ネットの高さが正しくないわけはなかった。オール・イングランド・クラブでジュニアチャンピオンになったからといって、将来シニアの部における成功が保証されているというわけではない。フェデラー以前は、ほんの一握りの選手（ボルグ、ステファン・エドベリ、パット・キャッシュ）しか、男子のジュニア、シニア両部門で優勝したことはなかったのだ。

フェデラーがローンテニスで将来成功するか否かのより信頼性のある指標は、3年後のシニア大会でピート・サンプラスを破ったことだった。そして、2003年に初めてシニアタイトルを獲得してからは、誰も彼を止めることはできなかった。

▲ ウィンブルドン5連覇を達成したのは、ボルグとフェデラーだけだ。

　夏の大会の決勝戦では、2年連続ロディックを下すことに成功した。2004年の決勝戦は、ロディックの試合後のコメントが印象的だったため、覚えている人も多いだろう。「ロジャーに向かって台所の流しを投げたら、彼はバスルームに行ってバスタブを担いで出てきたよ」

　2005年もフェデラーの勝利に終わったが、前年よりも一方的な勝利だった。その試合は、単独試合としては、彼の選手人生最高だったかもしれない。またそれは、1999年のサンプラスとアガシの対戦を超える、ウィンブルドン史上最高の決勝戦だったと言えるだろう。フェデラーの父親ロバートは、最初の2回は、息子がウィンブルドンタイトルを手にした場に居合わせなかった。彼曰く、誰かがスイスに残って猫に餌をやらないといけない、とのことだった。しかし幸いなことに、2005年の決勝戦は見逃すことはなかった。

　ナダルとは3年連続でウィンブルドン決勝戦を戦ったが、1回目の2006年は4セットで勝負を決めた。翌年は、ウィンブルドンのチャンピオンになってから初めて、オール・イングランド・クラブで5セットマッチを戦った。接戦であったことと、ボルグのウィンブルドン5連覇記録に並ばないといけないというプレッシャーから、勝ったときの喜びはひとしおで、生涯で最も感情的な優勝となった。

　勝利を確信した瞬間、フェデラーは後ろに倒れ込み、芝生に触れる前から涙が溢れ始めていた。彼が再び立ち上がり、ネットまで行ってナダルを抱きしめているときも、涙は溢れ続けた。椅子に腰を下ろしてからも、涙が止まることはなかった。

6　世界最強　145

グランドスラムで、
トーナメント中1セットも落とさずに優勝した選手

100%
ロジャー・フェデラー
2007 全豪オープン

100%　　　100%
ケン・　　　　　　　　　　　　　　　　イリ・ナスターゼ
ローズウォール　　　　　　　　　　　　1973 全仏オープン
1971 全豪オープン

100%　　　100%
ビョルン・　　　　　　　　　　　　　　ラファエル・ナダル
ボルグ　　　　　　　　　　　　　　　　2008 全仏オープン
1976 全仏オープン　　　　　　　　　　2010 全仏オープン
1978 ウィンブルドン
1980 全仏オープン

コート上のスピーチで、観戦していたボルグに感謝の言葉を投げかけたが、試合後も舞台裏で会い「スウェーデン風のハグ」をしたという。その後何度もウィンブルドンで勝利を挙げるが、その日ほど圧倒的なグラスコートプレーが見られることはなかった。

　二つのグランドスラムで5連覇した選手はフェデラー以外にいない。全米オープンを5シーズン連続で優勝した選手も彼以外にはいない。ニューヨークの大会でフェデラーは圧倒的な強さを見せていたため、彼がアーサー・アッシュ・スタジアムにてトロフィーを頭上に掲げる姿は、夏の風物詩となっていた。ライン川流域圏にある田舎町出身のこの選手が、ビッグアップル（ニューヨーク）を支配下に置いていたのだった。何年かは、選手たちをダウンタウンのホテルから会場があるフラッシング・メドウズまで送迎する専用車やミニバスの側面に彼の写真が印刷されていた。マンハッタンのホテルでは、彼の名前にちなんだ名前のスイートルームに泊まり、彼のイニシャルR.F.が刺繍された枕に頭を預けて眠った。このスイートには、彼の実績を讃える盾も飾られており、トーナメントがない時期は1泊数千ドル出せば泊まることができるそうだ。

　全米オープンは、他のグランドスラムにはない"荒れる"何かがあった。しかし、このヨーロッパから来た、端正で優雅な選手の2004年から始まった5連覇により秩序がもたらされた。フェデラーにはいくつもの印象的な試合があるが、そこにはニューヨークの決勝戦も含まれる。特に印象的なのは、2004年にレイトン・ヒューイット相手に2セットを「ベーグル」（6-0）で取って優勝したときか、2005年に4セットの末、アンドレ・アガシを下してタイトルを獲得したときだろう。

　フェデラーが現れるまでは、全米オープンで5回優勝したのは、2名（ジミー・コナーズとピート・サンプラス）しかいなかった。しかし、いずれも連覇ではなかった。2006年の決勝戦では、決勝に進むロディックのコーチとして、コナーズはフェデラーの連覇を止めてやると意気込んだ。しかし、フェデラーは勝ち続けた。翌年の夏も、ノバク・ジョコビッチに勝利した。

　「連勝は何回まで続くだろう？」とフェデラーは自分に問い続けた。答えは、「あと1年」だった。2008年の決勝戦ではアンディ・マレーを下した。その翌年、全米オープン決勝への連続出場が6回に達していた。フェデラーは、セットカウント2-1まで行ったものの、最終的にはアルゼンチンのフアン・マルティン・デル・ポトロが優勝トロフィーを手にしたのだった。

　世界の反対側で、同じようなことが起こった。2004年の全豪オープン終了後にマラト・サフィンが言ったことを信じる者もいるかもしれない。フェデラーのテニスは、まるで魔法がかけられているようだった。

決勝でギリシャのキプロス出身のマルコス・バグダティスを破った2006年の彼のテニスを「レベルが高かった」とすると、2007年のメルボルン・パークでは誰も彼に触れることができないくらいの年だった。「ゴンゾ・フォアハンド」で知られていたチリのフェルナンド・ゴンザレスを決勝の3セットで下しただけではなかった。彼はトーナメントで1セットも落とさなかったのだ。それがグランドスラムで達成されたのは、1980年の全仏オープンでボルグが優勝したとき以来のことだった。
　フェデラーがロディックを完膚無きまでに倒したのも同じ全豪オープンだった。「そのトーナメントでは、なぜかとてもリラックスしていたんだ」とフェデラーは振り返る。「まるで冗談のようだった」

■

　「いまはナンバー1で、1位よりも高いランクはない。で、これからどうすればいいんだ？ 何を目指していけばいいんだ？」
　この問いかけに対し、ロジャー・フェデラーは世界ランキング1位に君臨した300週間ちょっとの間答えを探し続けた、とポール・アナコーンは言う。

▼ 練習中のフェデラー。トニー・ローチと。

「世界ランキング１位を一瞬タッチした選手たちは、素晴らしいことを達成したと言える。しかし、その順位を長期間維持することができる選手たちは、途轍もないことを実現したのである」

アナコーンは、テニスで「途轍もないこと」を実現した選手を二人指導した経験がある。ピート・サンプラス（286週間）とフェデラーだ。フェデラーは３回ナンバー１になっており、その３回目（17週間）に返り咲いたとき（2012年のウィンブルドン選手権優勝）のコーチがアナコーンだった。ナンバー１の１回目は2004年から2008年の237週間、２回目は2009年にウィンブルドンで優勝して48週間その座を維持。合計で302週間、男子テニス界のトップに君臨した。

2004年全豪オープンの準決勝でスペインのフアン・カルロス・フェレーロを下したときに、フェデラーは「信じられない。ついにナンバー１になれたんだ」と喜んだ。ただ、アナコーンによると、「それはまだ簡単なこと」だった。

「以前、ピートから聞いたことがあった。登頂するよりも、頂上に居続ける方がはるかに大変だと。ナンバー１になると、自分でどうすべきか考え、進化し続けなければならない。もちろん、ナンバー１になったという達成感を味わうのだが、テニスをし続ける意味や、どのようなテニス選手になりたいかなど、よく考えなければならない。そのような状況に置かれると、"これから何をすればいいんだ？ これからはトーナメントを勝つことに集中するだけなのか？ それとも４大大会で勝つことだけ考えればいいのか？"と自問自答することになる。ピートやロジャーのような選手には、明確な目標が必要なのだ」

フェデラーにとって、モチベーションの維持は全く問題がなかったようだ。彼がナンバー１として年末を迎え、１年を締めくくった回数は、サンプラスより１回少ない５回だった。フェデラーはナンバー１でいることに対する関心が非常に高かった。何年も、翌シーズンに向けて掲げた複数の目標のうち優先順位が高かったのは、ナンバー１の座を維持することだった。

３つのグランドスラムタイトルを獲得し成功を収めた2004年を終え、次のシーズンが始まる前のこと。フェデラーは、十分に練習時間を確保できていないと苛立っていた。

「この１年は、散々だった。大会から大会、そしてまた次の大会に出場が決まっていて、休養する期間も決まっていたため、十分に練習する時間が確保できなかった。練習は必ずしなければならない。練習しないと上達できない。同じ場所に居続けることになり、他の選手に追いつかれてしまう。私は他の選手よりも常に上にいたいんだ」

世界ランキング１位の座についている連続週数が３桁に至る選手は、ごくわずかである。ジミー・コナーズは連続で160週間その座についていた。イワン・レンドルは157週間、サンプラスは102週間だった。フェデラーの連続237週間はダントツだ。「長期間世界ナンバー１でいることは、本当に大変なことだ」と、サンプラスは称賛する。

「人の力では、数年が限度だと思う。いつかは力尽きてしまうからだ。ナンバー1の座は、大会から大会に移動し、どこに行っても、常に背負っていなければならないものだ。大会に行くと、他の選手よりも背負っているものが大きい。期待や要求、メディアなど、様々なことに対応しなければならない。エネルギーを消耗してしまうのだ。世界ランク20位の選手はいい。テニスのことだけ考えていればいいから。テニスは個人競技なので、チームメンバーに頼るわけにはいかない。隠れることもできないし、すべて自分でやらなければいけないんだ。ナンバー1でいることは、1年間背負っていくものだ。テニスシーズンは長いから、本当にしんどいんだよ」

アナコーンによると、世界一の選手として成功するためには、「その地位に対するすべての期待に応え、それと同時に、キャリアパスを自分が求める方向に向かわせること」が必要だという。

「ロジャーとピートにとって、最も時間と労力を使っていたのは、期待への対応と周囲環境のメンテナンスだった。いい選手であればあるほど、自己への期待と周囲からの期待が大きい。私がいままで見てきた選手たちは、誰よりも自分に厳しく、参戦する大会は優勝しないと気が済まなかった。最高であるということはそういうことだ。自分が自分のバロメーターとなるのだ」

ナンバー1でいるために、フェデラーとサンプラスは異なる方法を取っていたという。「ピートは、性分として、何事もシンプルにコンパクトに抑えることを好んだ。なんでも小規模に抑えることで、コントロールを利かせたいタイプだ。随行する人数も少なく、落ち着いた環境だった。一方、ロジャーは4人の子どもを伴って移動している。随行するチームの人数も多い。コート外の対外的な活動にも関与しているし、スポンサーも多い。企業のグローバル・アンバサダー（世界大使）も務めている。ロジャーはサンプラスとは違うことをやっているが、それは彼が選んだ道だ」

アナコーンは言う。「ピートは成功し続けるために、また、自分で決めた優先順位通りに物事を進めるために必要な方法を取っていた。彼にとって最も重要だったのは、4大大会のタイトルをなるべく多く獲得することだった。穏やかな生活を好むピートにとっては、それで十分だった。その点、ロジャーは雑音や気を散らすものが周囲にあっても気にならないタイプのようで、非常にうまく対応している」

フェデラーがナンバー1の座を維持する原動力となったのは、競争欲だった。「頂点の座を300週間以上維持できるということは、彼がいかにテニスを好きかということを証明する何よりの証拠だ。毎週のように試合があり、小規模な大会でも優勝したときの彼の笑顔を見ると、テニスをすることと勝つことが何よりも好きだということがわかる」

フェデラーは興奮し、声を上げたことがある。「本当に最高の気分だ！みんなにもテニスをするようお勧めする！」

▲ フェデラーは、テニスをすることと勝つことが何よりも好きだ。

　2008年にラファエル・ナダルに敗れ、フェデラーが1位の座を初めて失ったとき、彼は落ち込んだ。スタジアム・アナウンサーが彼を世界ランキング2位の選手として紹介したとき、彼は苦々しい表情をしていた。彼にとって、ナンバー2は全くしっくりこなかったのだ。

　だから、彼は再び頂上を目指した。その後2度彼は登頂した。3度目ももう少しで叶いそうだった。ロンドンにて開催された2014年シーズン最後のトーナメントで、コーチのステファン・エドベリについてちょうど1年が経ったところだった。

　その年をナンバー1として終えられるチャンスが訪れたのだった。しかし、最終的にはノバク・ジョコビッチを超えることができなかった。「いまのロジャーにとって、ナンバー1になることは重要でなくなっている。優先順位が下がったのだ」とアナコーンは見ている。

　「数年前、まだ彼のコーチを務めていたとき、彼はもう一度ナンバー1になり、グランドスラムを優勝することを目標と掲げ、両方とも達成した。いまの彼は、自分のキャリアを楽しもうとしている。テニス選手のキャリアには、フェーズがある。彼の年齢を考えると、年間30試合をこなしたり、ランキングのためにがむしゃらに頑張ったりすることはしない。いまの彼にとって重要なのは、4大大会といった大きな試合で確実に良いプレーをすることだ」

7

バレリーナ vs. ボクサー
—THE BALLERINA AGAINST THE BOXER

世界最強の男には、最高のライバルがいた。
その男の名は、ラファエル・ナダル。フェデラーのウィンブルドン６連覇を阻み、
長らくの間生涯グランドスラム達成を阻止してきたクレーの王者である。
しかし、彼の存在があったからこそ、フェデラーはさらに強くなることができたのだ。

「**な**んてこった‼」
　2008年ウィンブルドン決勝戦の主審席に座っていたフランス人審判のパスカル・マリアは心の中で思った。ロジャー・フェデラーが、かつて見たこともないような凄まじいパッシングショットを放った瞬間だった。

　通常、ウィンブルドンのセンターコートの観衆は、他のどのテニス大会よりも控えめだが、このときばかりは「会場が沸騰し、熱狂の渦に包まれた」とマリアは思い返す。ラファエル・ナダルがこれでもかというくらいネットに詰め寄っていたが、フェデラーはそのナダルにバックハンドでストレートのパッシングショットを食らわせたのだった。他のタイミングで打たれたとしても十分素晴らしいプレーだったが、このショットはチャンピオンシップポイントがかかったときに放たれていた。そのようなタイミングでこのようなショットを、フェデラー以外の誰が成功させることができただろうか。フェデラーは、過去にも多くの大胆な選択をしてきたが、そのショットも度胸がないと打てなかっただろう。フェデラーのバックハンドは、人々の記憶に残る決勝戦にしたのだった。

　試合の流れをもう少し説明しよう。第２セットまではナダルが２－０で押しており、わかりやすい流れができていた。その後、フェデラーの天才的な瞬間芸により流れが急変し、第５セットまでもつれ込んだ。あたりは暗くなり雨も降り始めた。

　マリアは思った。「この試合の審判を務めることができ、本当に光栄だ」と。後日、彼は「ウィンブルドンは、実に素晴らしい大会だ。テニスの伝統はここに始まり、世界ランク１位と２位の選手がそこに集い、闇と雨の中、真剣勝負をしたのだ。誰もが感動した。信じられないほどの素晴らしいテニスに、見る者は吸い込まれていった」と語っている。

　ウィンブルドンの決勝戦では、どんな試合でもその直後は必ずお祭り騒ぎになる。しかし、このナダルとフェデラーの５セットにも及んだ決勝戦は、終了直後のテレビとラジオで「テニス史上最高の試合」と解説された。いまでも、その試合の評価は変わっていない。センターコートで観戦していたある観客は、「天使が舞い降りたよう

▶ 2009年 全豪オープンの決勝戦にて、ナダルがライバルのフェデラーを慰める。

だった」と表現した。その試合は、二人の選手にとって非常に大事な試合だった。フェデラーはその試合で史上初のウィンブルドン6連覇を達成しようとしていたし、ナダルはウィンブルドン初優勝を目指していた。彼はクレーコーターという印象を払拭したいという強い思いもあった。また、ナダルが勝利すれば、1980年のビョルン・ボルグ以来の、同一年の全仏オープンとウィンブルドン選手権の連続制覇となる。

試合は4時間48分と長時間に及んだ上、悪天候も影響し、非常に印象的な試合となった。試合は二度、中断された。アメリカのテニスライターのジョン・ワーサイムによると、中断の間、フェデラーの将来の妻ミルカが彼を舞台裏で捕まえて言ったそうだ。「あなたは、ロジャー・フェデラーなのよ」と。

その試合は、午後9時17分に終了した。あたりは暗くなり、スコアボードに数字が点灯し、二人の選手にとっては目でボールを追うのが難しくなっていた。家のソファーで試合を見ていた人からすると、会場は十分明るく見えたかもしれないが、それはテレビ用に調整された映像だったためだ。実際のセンターコートは暗くて、そろそろ限界に来ていた。

「ファイナルセットが8オールになっていたら、試合を中断し、翌日に再開せざるを得なかったと思う」とマリアは振り返る。「しかし、ナダルがそのセットを9－7で制し、終わらせたのだ」

暗がりでプレーしなければいけなかったことについて、フェデラーはとても動揺していた。「世界で最も重要なテニスマッチを、まともにプレーするのがほぼ不可能なくらい暗いコートで続けなければならなかったことは、本当に不愉快だし、いまだに納得できないでいる」。ナダルの顔もほとんど見えない状態だったとフェデラーは話す。もし彼が、年の初めに腺熱か単核球症を患っておらず、20日間のブランクがなく、体も弱っていなければ、この決勝で勝つことができただろうか。

連覇が途絶え、しばらくの間は嘆き落胆していたフェデラーだったが、時が経つと、その決勝（彼の父親は「とんでもない試合、とんでもない決闘」と呼んだ）が、テニスという競技のPRに大きく貢献した名勝負となったことを嬉しく思うようになった。ジョン・マッケンロー対ビョルン・ボルグ、ピート・サンプラス対アンドレ・アガシ、ジョン・マッケンロー対ジミー・コナーズを抑え、彼らの激しいぶつかり合いは、フェデラー対ナダルを男子テニス史上最高のライバルに押し上げたのだった。

雨降る薄暗いセンターコートで行われたあの決勝戦ほど、テニスのためになる試合はいままでなかったし、これからもないだろう。「二人の性格は違うけど、二人ともテニスにとっては良いイメージキャラクターだ」とトニー・ナダルは言う。

「観客にとって、ロジャーは素晴らしい選手だ。彼は、多数のグランドスラムを優勝しており、世界ランキング1位に輝いていた期間も長い。また、彼を史上最高の選手だと言う人も多い。ロジャーとラファは、全く異なるプレースタイルだ。一人は技術的に最高に優れており、もう一人は情熱があり、速さで相手を圧倒できる。ロジャーとラファは、何度も決勝戦でぶつかっており、素晴らしい試合も多かったが、

▲ フェデラーとナダルのライバル関係は、テニスのレベル向上に貢献した。

▶ 次頁：フェデラーがナダルと戦った2008年ウィンブルドン決勝は、史上最高の試合だったと言われている。

その中でもあの2008年のウィンブルドン決勝戦ほど素晴らしい試合はなかった」

トニー・ナダルは、彼の甥とフェデラーによる「最高の選手になる道のり」についてある持論を語る。「彼らは相手が消耗しきるまで攻め続けた」そうだ。ナダルとフェデラーは、精神的なエネルギーと身体的なエネルギーの両方を大量消費した。それだけ彼らの対抗意識が激烈だったということだ。

彼らは「相手の才能の備えが枯渇するまで戦った」とトニーは言う。それぞれ、実力の限りすべてを出しきったのだった。自分たち、ひいてはテニス選手が達成可能な限界まで、彼らはやり尽くしたのだった。ナダルがいたからこそ、フェデラーは全力を出しきることができた。フェデラーに、「もしもあのとき全力を出していれば」という後悔の言葉は浮かんでこないはずだ。彼は全身全霊で戦い、ベストを尽くした。

トニー・ナダルの分析は、フェデラーの一部の熱心なサポーターの意見とは全く反対のものだ。R.F.のロゴが付いた野球帽をかぶったサポーターの多くは、ナダルの力に任せたアプローチ（上腕二頭筋が目立つ体から繰り出される左利きの素早いフォアハンドなど）は、フェデラーの天才的なアプローチの邪魔になったと考えている。私は個人的に、トニーの考えの方が正しいと思っている。フェデラー物語における中心人物の一人であるナダルは、フェデラーの素晴らしさを鈍らせたのではなく、さらに引き出したと考えるのが最も正しい見方ではないだろうか。ナダルは、フェデラーの人生で一番大きな難関だった。

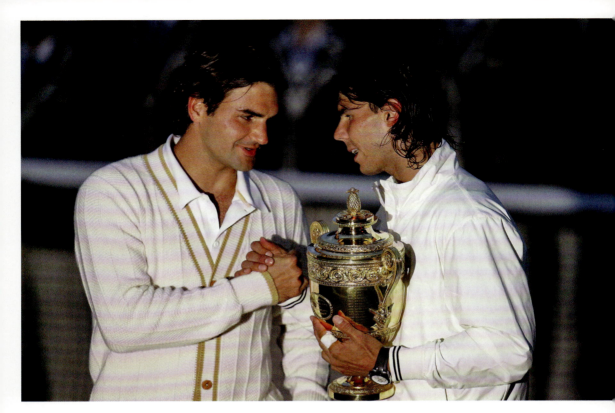

▲ ナダルの勝利を祝うフェデラー。

　ナダルがいなければ、フェデラーはいまほど強くなっていなかったはずだ。ナダルは彼に、バックハンドを改善するきっかけを与えたのだ。
　「すでに高いレベルのテニスをしていたにもかかわらず、彼らはさらに高いレベルを目指した。毎日コツコツと、より高いものを追い求め続けた。それが限界にたどり着くまで続けたのだ」とトニー・ナダルは言う。さらにこう付け加えた。「それ以上は、限界を超えることであり、不可能だったはずだ」
　フェデラーとナダルが初めて出会ったのは、2004年の春。場所は湿度が高く、風が強く、ヤシの木が広がるマイアミだった。そのときの試合は、ある意味でフェアな戦いではなかった。体調に不安があれば大事をとって休んだ方がいいような天候であり、フェデラーは病を患っていた。彼は棄権するかどうかを検討したが、最終的には出場することに決めた。結果、彼はナダルに負けた。ストレート負けだった。翌春、彼らは再びマイアミで出会った。今回は決勝戦だった。フェデラーは最初の2セットを失ったものの、その後巻き返し3セットを連取して優勝した。
　2006年、ローマのクレーコートで、ついに王者フェデラーを（少なくともクレーコートでは）脅かすライバルが現れたことを世間に印象づけることになった。その試合は、5セット、5時間に及ぶ長丁場だったが、接戦をものにしたのはナダルだった。クレーが得意なナダルと、グラスが得意なフェデラー。そう世間は認識し始めることになったのだ。
　「フェデラーのバレリーナに対し、彼はボクサーだ」
　雑誌「ニューヨーカー」はナダルのことをそう喩えた。フェデラーの技術、決意、

野心に負荷を与える以外でも、ナダルの存在はフェデラーにとって大きなプラスとなった。彼は、フェデラー物語に深みを加えた。
　ナダルはフェデラーにとって、どれくらい重要な人物だったか。彼の存在がなければ、もしかしたら、フェデラーは年間グランドスラムを達成し、史上最高の選手という称号をより確実なものにしたかもしれない。しかし、フェデラーにとっては刺激の少ないテニス人生になっただろう。何より、ナダルがいないテニスは、ここまで息を飲むほど面白いスポーツになっていないのではないだろうか。
　フェデラーは全仏オープン初タイトルと生涯グランドスラムを追求してきたが、それがナダルに何年も妨げられていなかったとしても、観衆はここまでの思い入れを抱いていただろうか。観衆は、天才的なテニスを見たい。しかし、それよりもさらに観衆が求めていたのは、その天才がライバルに妨げられ、試され、抑圧される状態を乗り越えていく様子だ。
　2008年全仏オープンの決勝戦で、フェデラーがナダル相手にわずか4ゲームしか取ることができず、惨敗を喫したときは、まさに天才に与えられた試練だった。ドラマがない話には面白みがない。トニー・ナダルはこう言ったことがあった。「フェデラーにとって、ナダルとの出会いは、彼の人生の中で起こった様々なことの中でも、最も大事なことのうちの一つだろう」と。それは、非常に的を射たコメントだと思う。

■

　ローラン・ギャロスの男子シングルス決勝戦では、ラファエル・ナダルの感情的な一面を見られると思っていて間違いはないだろう。2009年全仏オープンでも例に漏れず、決勝戦終了時に彼の目尻に涙が滲んだ。しかし、このときは自分のための涙ではなかった。前年の決勝戦にて、自分が4ゲームしか渡さず打ち負かした男のために

［フェデラーが1年で獲得したタイトル数］

7　バレリーナ vs. ボクサー

▲ 2009年のローラン・ギャロスでの勝利により、フェデラーは生涯グランドスラムを達成した。

流した涙だった。この年のナダルは、パリのテニスコートで赤橙色の埃をもくもくと上げていなかったし、フィリップ・シャトリエ・コート（全仏オープンのセンターコート）の空中特殊撮影機材スパイダーカムに追われてもいなかった。代わりに彼は、その決勝戦の様子をマヨルカの自宅のテレビで見ていたのだった。

約1週間前、彼は初めてローラン・ギャロスで敗れた。対戦相手は、強烈なフォアハンドを持つ、スウェーデン出身のロビン・セーデリングだった。その後、ナダルの膝の問題や両親の不仲について心を痛めていたことが知られるようになったが、当時はまだ彼の不調の原因は知られていなかった。その決勝戦が行われた日、ナダルはテレビの前で、ソデルリングを破るフェデラーの勇姿に心を動かされていた。その勝利がフェデラーにとって何を意味するかわかっていたからだ。その勝利は、全仏オープン初優勝であるとともに、生涯グランドスラムの達成であり、テニスの偉人たちに仲間入りするということを意味していた。

ナダルが最大のライバルの勝利に感激したことを語ったのは、何年も後のことである。このエピソードを聞くと、ナダルの心の広さと、彼ら二人の関係がいかに温かいものだったか想像できると思う。また、フェデラーによる全仏オープンの優勝トロフィーの追求を、テニス界の誰もがいかに注目していたかもわかるだろう。

フェデラーがどれほど全仏オープンで優勝したかったかは、誰もが知っていた。ナダルは、それまで何年もその切望をそばで、すなわちネットの反対側から見てきた。そして毎回（2005年準決勝、2006年、2007年、2008年決勝）打ち砕いてきた。

その日のフェデラーのパリでの優勝を、さらに意味深いものにした唯一の存在は

▲ ロジャー・フェデラーは、アンドレ・アガシから全仏オープンの優勝トロフィーを受け取った。

2009年の全仏オープンで優勝し、フェデラーは悲願だった生涯グランドスラムを達成した。それは男子では史上6人目の快挙だった

ナダルだった。何年もの間、フェデラーは世界で2番目のクレーコーターだった。世界一のナダルが、史上最高のクレーコーターだったため、その彼に次いで世界で2番目という地位も全く恥ずべき地位ではなかった。

世間はフェデラーについて様々な意見を持っていた。彼はフランスだけは征服できない運命なのではないかと囁かれていた。クレーコートでのテニスは、同じテニスでも異なるスポーツのようであると言う人もいた。偉大なテニス選手と呼ばれてきた人の中でも、ピート・サンプラス、ジョン・マッケンロー、ボリス・ベッカー、ステファン・エドベリなど、多くの選手が全仏オープンでは優勝できなかったが、フェデラーはその選手たちの仲間入りをするのか。それとも、フレッド・ペリー、ドン・バッジ、ロイ・エマーソン、ロッド・レーバー、アンドレ・アガシに続き、男子で史上6人目の生涯グランドスラム達成者となれるのだろうか、と誰もが注目した。

また、フェデラーが真の史上最高の選手として認められるためには、全仏オープンで優勝する必要があるか否かについても議論されていた。

フェデラーはもう少しで2009年の決勝戦に出場していなかったかもしれない。ソデルリングにナダルが負けた日の翌日、フェデラーは4回戦でドイツのトミー・ハースと対戦した。その試合中、フェデラーはインサイド・アウトのフォアハンドを打たざるを得ない状況に見舞われたが、いま振り返るとそのショットは、彼の人生で最も重要なショットとも言えるだろう。そのとき、フェデラーは相手に1ブレークポイントの差をつけられていた。

7　バレリーナ vs. ボクサー

フェデラーが保有する各種記録

ロジャー・フェデラーが2009年の全仏オープンで優勝し、生涯グランドスラムを達成したのは27歳のときだった。その記録を達成したのは史上6人目だったが、その後、2010年に全米オープンを優勝したナダルもその仲間に加わった。各選手が生涯グランドスラムを達成した年齢は以下の通り。

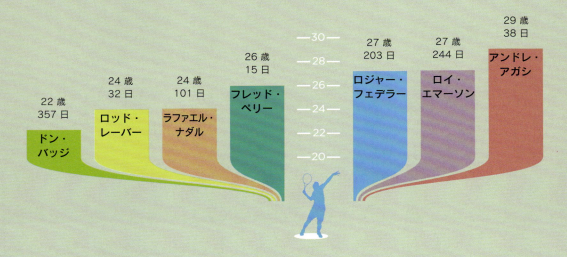

フェデラーのグランドスラム出場実績

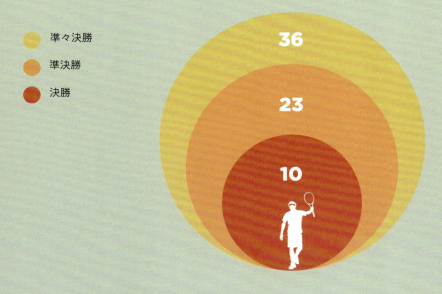

ロジャー・フェデラーは、歴代最長世界ランキング1位（302週間）の記録保持者だ。また、世界ランキング1位連続座位記録（237週間）も保持している。

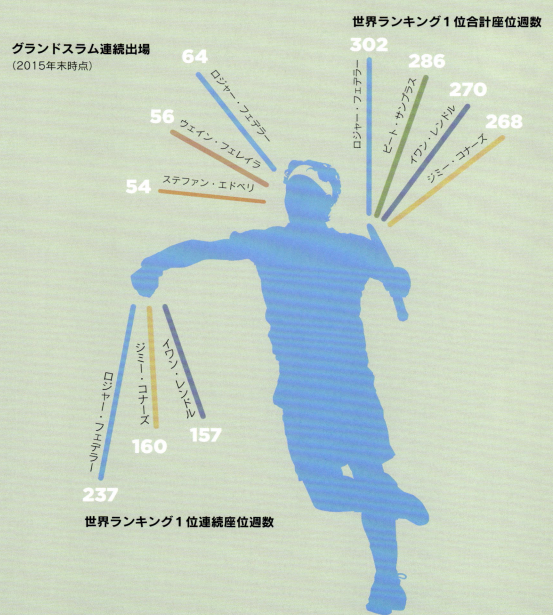

7　バレリーナ vs. ボクサー

▶ P168-169：
2009年ウィンブルドン決勝で勝利したフェデラーはグランドスラム優勝回数を15回に更新した。

　また、最初の2セットはハースが連取していた。そのフォアハンドをフェデラーがミスショットしていたら、第3セットのゲームカウントは5－3で、ハースがサーバーとなる最後のゲームに突入することになっていた。
　その球が来たとき、フェデラーは素早いフットワークで回り込み、全く手控えずに思いきりスイングした。このショットには、ペース、スピン、野心、それに少々の希望と必死な思いがすべて込められていた。球がラインの内側に落ち、跳ねてコートの外まで行き、ウィナーとなったことを見届けたフェデラーは体が安堵感で満たされることを感じた。後日、ハースは次のようにコメントした。「あのように正確で、力強いショットを打たれたら、もう、敬意を表するしかない」。そのショットはフェデラーを蘇らせ、勢いに乗った彼はそのまま5セットマッチを制することができたのだった。
　フェデラーはその後も勝ち進み、決勝戦まで進んだ。そして、決勝戦。パリらしい雨模様だった。ローラン・ギャロスは、泥となる一歩手前でもう一度土砂降りが来たら、試合を中断せざるを得ない状況だった。また、渦を巻くような風も無視できなかった。その状態では、どれほど素晴らしい選手であっても、洗練されたプレーを披露するのは無理だった。また、不審者がコートに乱入し、フェデラーの頭に帽子をかぶせようとした事件も、彼の平常心を揺さぶった。警備員がその不審者を押さえるまでの間、1993年にハンブルグにて起こった恐ろしい事件を思い起こさずにはいられなかった。コートに乱入した男がモニカ・セレスの背中に包丁を突き刺した事件だ。フェデラーは少しの間集中力を失ったものの、すぐに回復しそこからストレートで優勝したのだった。
　この勝利で、フェデラーの4大大会優勝回数はサンプラスに並ぶ14回となった。サンプラスが2002年全米オープンで14回目の優勝を達成してから7年後のことだ。当時、サンプラスが樹立した記録は数十年は塗り替えられないだろうと思われていた。フェデラーにとっては、記録達成よりも全仏オープンを優勝できたことの方が大きかった。彼が、いつかはサンプラスに並ぶ日が来るであろうことは多くの人が信じていたが、全仏オープンで優勝できるか否かという点については意見が分かれていた。それくらい全仏で優勝するのは難しいと思われていたのだ。
　「ロジャーがこのトーナメントを勝たなかったら、それは犯罪だったと思う」と、トロフィーを渡した後にアガシは言った。「それはいろいろな意味で、運命だったんだと思う。ロジャーはその王座に座る権利を自ら得るべく努力し続けた。彼は何年も世界第2位のクレーコーターと呼ばれたが、もしそのマヨルカ出身の青年がいなければ、彼は何度も全仏大会で優勝していただろう」
　その決勝におけるフェデラーの対戦相手がナダルで、それでも優勝できていたら、物語としてはさらに盛り上がっただろう。しかし、相手がクレーコート王者のナダルでなかったとしても、優勝は優勝だ。歴代優勝者一覧のフェデラーの名前の横に注釈をつける必要はない。全仏オープンタイトルは全仏オープンタイトルであり、その優勝により、フェデラーは4大大会を制覇することに成功したのだ。

連勝記録

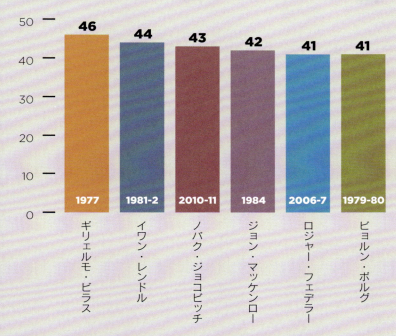

世界ランキング1位としてシーズンを終えた回数

7　バレリーナ vs. ボクサー

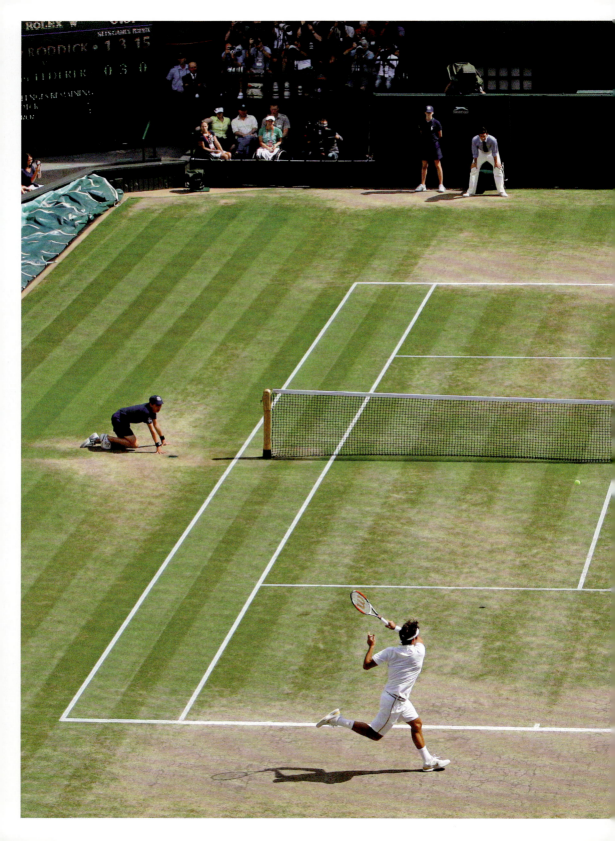

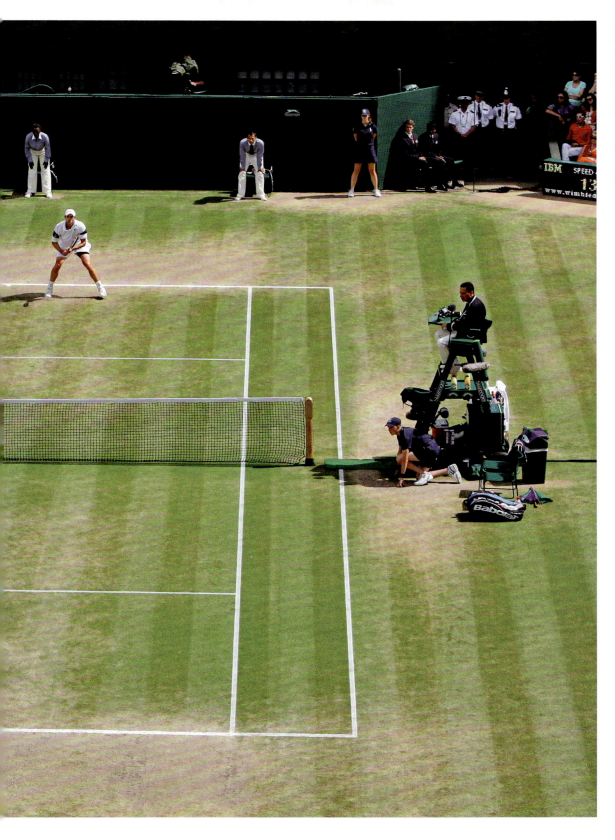

フェデラーにとって、それまでで最も誇り高い瞬間だった。また、数ある勝利の中でも、最も重要なものだったはずだ。ある人は「全仏での勝利で、彼の27年間の苦悩と切望が幕を閉じた」と表現したが、それは誤った見方だろう。まず彼は27年も切望していない。「なにせ27年前は生まれたばかりだったからね。両親に『ローラン・ギャロスで優勝しないと孤児院に連れて行くぞ』と言われたこともないよ」とフェデラーは笑う。しかし、その勝利が彼に安堵感をもたらしたことは確かである。

「フェデラーはなぜ全仏オープンでは優勝できないか」という耳障りな議論を耳にすることはなくなり、「パリで優勝できない限りは、真の史上最高選手とは言えないのではないか」ということを言う人もいなくなったのだ。

表彰式のスピーチでフェデラーは「これから残りのキャリアは、プレッシャーを感じず、テニスを楽しめそうだ」と晴れ晴れとした気持ちを吐露した。

しかし、わずか1カ月後のある午後、ウィンブルドンのセンターコートで長時間に及ぶ試合をしていたフェデラーは、大きなプレッシャーとストレスを感じていた。15回目のグランドスラムタイトルを狙っていたのだ。全仏オープン優勝後は、気を緩めてテニスをするはずが、そうはいかなかったようだ。

▼ フェデラーとロディックの試合は、ウィンブルドン決勝の最多記録となる77ゲームに及んだ。

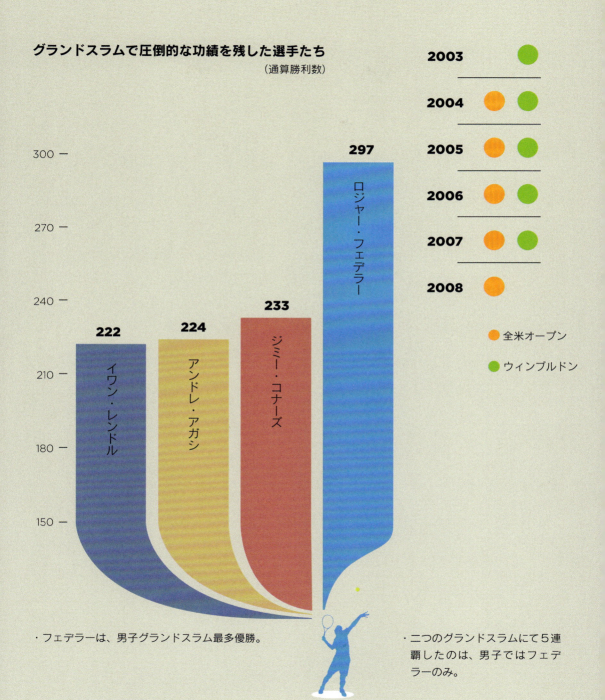

ピート・サンプラスはフェデラーならば、自分の築いたグランドスラム優勝回数14を塗り替えても構わないと思っていた

◀ 前頁：テニス史上最も素晴らしい功績を挙げ、センターコートの芝生から高く飛び跳ねるフェデラー。

　アンディ・ロディックとの決勝は、ウィンブルドンのタイトルマッチの最多となる77ゲームに及んだ。数日以内に双子の女の子を出産しようとしていた妻ミルカにとって、決して心穏やかな午後とはならなかっただろう。ロイヤル・ボックス席で観戦していた友人、ピート・サンプラスにとっても、安心して見ていられる試合ではなかった。その日、サンプラスは試合開始には数分遅れてしまったものの、大事な友人の大事な試合だったため、妻（女優のブリジット・ウィルソン）を伴い、急遽ロサンゼルスから夜行便で飛んできたのだった。サンプラスは席に座ると同時に、コート上の友人に視線を送り、親指を立てて「頑張れ」というサインを送った。

　サンプラスが観戦に来たことは、彼の寛容で謙虚な性格を表しており、フェデラーとの関係がいかに親しいものだったかも示していた。サンプラスは、自分がどれほどの苦悩を乗り越え、努力を重ね、グランドスラム最多記録を達成したか、また、その記録が長期間自分のものとなるよう、どれほど強く願ったことか。その気持ちを心の奥底にしまい、彼が「人類史上、最も圧倒的な強さを誇るたった一人のアスリート」と呼んだ男であれば、笑顔でその座を譲れると思った。その「大事な瞬間」がロンドンで訪れる可能性が高かったため、サンプラスは大西洋を渡り、応援に駆けつけたのだった。

　フェデラーはこれまでに二度ロディックとウィンブルドンの決勝で対戦したことがあったが、今回はそのいずれの試合よりも厳しい展開となっていた。二人は一歩も譲らず、五分五分の接戦となった。後日、アメリカに帰国し、荷物を受け取るために玄関を開けたロディックは、配送員から決勝で負けた原因分析をとうとう聞かされたらしい。配送員によると、敗因は「汗だくになったシャツを着替えず、体が重くなってしまったから」ということだった。

　玄関に立ち、配送員の分析を聞くロディックの頭から雲状の吹き出しが出て、こう書かれているのを想像できそうだ。「はぁ、本当にシャツを替えただけであのフェデラーを破ることができたら、どんなに楽なことか」

　現実はそれよりも厳しい状況だった。センターコートでは、緊迫した状況が4時間15分続いていた。"もしかしたら、夏が終わるまでプレーし続けるのではないか。スタジアムの屋根は閉じられ、夜になり観客は眠る。朝になり、彼らが起きると髭面をしたアンディと私はまだコートにいて、サーブキープし続けている"。果てしない根比べのような試合だったため、そのような心境でプレーしていたよ」とフェデラーは言う。

　77回目のゲームがファイナルとなった。根比べに負け、初めにサーブキープできなくなったのはロディックだった。

　フェデラーは第5セットを16-14で制した。彼は6回目のウィンブルドン優勝、15回目のグランドスラム優勝を果たし、それらに伴う栄誉に浴した。あの高名なオー

選手のプロフィール

フェデラーとライバル、過去のチャンピオン、他競技選手との体格の比較

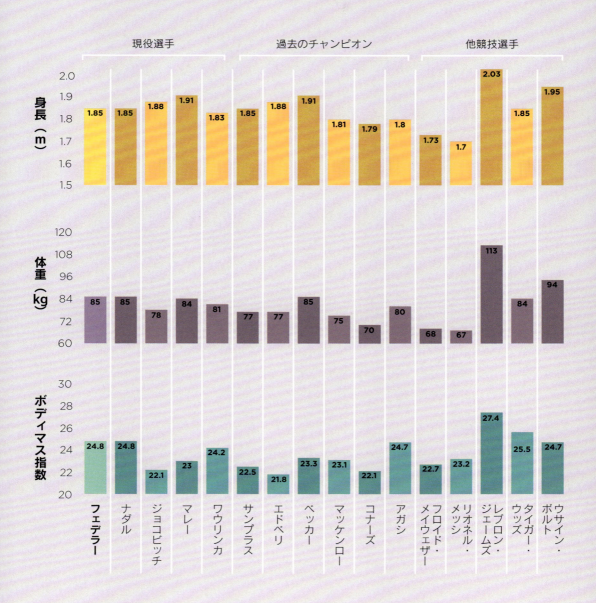

7　バレリーナ vs. ボクサー

ル・イングランド・クラブのガーデンパーティーで、神話的存在であるサンプラスに「彼は伝説であり、男前であり、時代の象徴でもある」と称賛される以上に光栄なことはあっただろうか。

■

　テニスのベルエポック時代に、精神的ダメージを与えられた選手が後を絶たなかった。その多くは、ロジャー・フェデラーによるものだった。人々は、彼のテニスを「最上級に上品な残忍行為」と呼んだ。アンディ・マレーはフェデラーにやられることがどういうことか、嫌というほどわかっていた。イギリスのスポーツライターのオリバー・ブラウンによると、「フェデラーはマレーを、他に類を見ないほど痛めつけた」そうだ。

　フェデラーのせいで、マレーはマイクスタンドの前という最も公的な場に立ち、

▲ 2012年ウィンブルドン決勝戦でアンディ・マレーを下し、フェデラーは17回目のグランドスラムタイトルを獲得した。

数千人の観衆と数百万人のテレビ視聴者が注目する中、崩れ落ちたことがある。それも一度ではなく二度も。フェデラーは繰り返しマレーを翻弄し追い詰めたのだ。もちろん、被害者はマレーだけではなかった。フェデラーは定期的にアンディ・ロディックを弄び、彼は怒りと失望と挫折のあまり憤怒し、悪態を吐くのが常だった。怒り狂う選手もいれば、泣き崩れる選手もいたのだ。

フェデラーはマレーに対し、報復として何かをしたわけでも、泣かせようとしたわけでももちろんない。フェデラーが2010年全豪オープンと2012年ウィンブルドン選手権のタイトルを取ろうとしていたときに、たまたまマレーが邪魔になっただけだった。その二度の対戦の結果、マレーのグランドスラムタイトル数はゼロのままに抑えられ、フェデラーは順調に15から17に更新したのだった。

マレーがこてんぱんにやられたもう一つの例は、グリニッジにて2014年のシーズン最後の大会が行われたときのことだった。ベストオブスリーマッチで、フェデラーはわずか1ゲームのみ許し、マレーは大敗した。また、2015年ウィンブルドン準決勝では、フェデラーは数年ぶりの絶好調を迎えており、マレーは運悪くそれに当たってしまったようだ。

しかし、マレーとの対戦はすべてフェデラーの思い通りにいっていたかというとそうでもない。確かに、グランドスラム決勝での初対戦となった2008年全米オープンなど、重要な試合の大半は、フェデラーが勝利している。しかし、すべてではない。ラファエル・ナダルと同様に、長年にわたり、マレーはフェデラーに挑戦状を叩きつけてきた。そのおかげで、フェデラーはより良い選手に成長したのだ。

マレーにとって、フェデラーと戦うことは、多大な痛みを伴うものであったが、それと同時に史上最高の選手だと自分が思う選手と戦えることに胸が高鳴った。2005年のバンコクにおけるトーナメントで、初めてフェデラーと対戦したとき、その試合は現実感がなく、本当にプレーしているというよりは、ビデオゲームをしているような感覚に近かった。

「ロジャー・フェデラーと対戦することは、アンディが待ち望んでいたことだ」とマレーの元コーチのうちの一人、マーク・ペッチーは言う。一方、ネットの反対側にいるフェデラーのマレーに対する尊敬の意は、特にグランドスラム決勝での初対戦以来、徐々に大きくなっていった。「ロジャーはアンディのプレースタイルについて、尊敬の念を抱いていたようだ。彼は、アンディの持ち味を評価していたよ」とグランドスラム決勝出場経験もある元選手のジョン・ロイドは頷く。

2012年のウィンブルドン決勝での勝利により、フェデラーはその大会で7回優勝し、サンプラスの同大会における最多優勝記録に並んだ。フェデラーが史上最高のグラスコート選手であるということが改めて証明されたのだった（今更証明は必要なかったかもしれないが）。

それ以外にも、テニス界に示したものがある。それは、フェデラーの実力がまだ健在であるということだ。フェデラーの直近のグランドスラム優勝は、同じくマレー

7　バレリーナ vs. ボクサー　177

を下し優勝した、2010年の全豪オープンだった。それから2年半の間、4大大会では優勝できておらず、今回のウィンブルドンで久しぶりに優勝した。フェデラーは他の選手と比べても十分に戦える状態であり、翌朝、再び世界ランキング1位に返り咲き、改めて世界に彼の存在感が示された。

「ロジャーはもう終わりだと言う人もいたが、そのような発言は無視するようにしていた。人々は2004年から2007年にかけて、年2試合程度しか負けていなかったような時期の彼と、いまの彼を比較していたのだ。彼らは全く異なる時期を比較していた」と当時のフェデラーのコーチ、ポール・アナコーンは言う。「ロジャーがまだ4大大会で優勝できるということを私は一度も疑ったことはなかったが、2010年以来2年ぶりに優勝し、一番嬉しかったのはロジャーだろう。彼は4大大会に出場するために、努力して体を鍛えていた。過去6回優勝したウィンブルドンで、7回目の優勝を達成したのは本当に最高の気分だっただろう」

1カ月以内に、また同じオール・イングランド・クラブにて開催された決勝戦にて、再度マレーと対戦した。今回は二人にとって、ある新しい経験、オリンピックの金メダルをかけた決勝戦であった。人によっては、なぜテニスみたいなスポーツがオリンピック種目になっているのかと異議を唱える人もいる。しかし、フェデラーは違う。彼は、過去にも複数回、開会式で母国の旗を意気揚々と掲げ、スタジアムに入場した経験がある。彼が若い頃、1992年のバルセロナオリンピックにてシングルス部門で金メダルを獲得した同じスイス出身のマルク・ロセに影響され、オリンピックに興味を持ち始めたのだった。

2000年のシドニーオリンピック当時、フェデラーは19歳だったが、準決勝でドイツのトミー・ハースに敗れるまでは、なかなかの健闘ぶりだった。その後、銅メダルをかけた試合でフランスのアルノー・ディ・パスカルに敗れ、残念ながらメダル獲得はならなかった。4年後のアテネでは、チェコのトマーシュ・ベルディハに行く手を阻まれ、2回戦止まりだった。北京オリンピックでは、準々決勝でアメリカのジェームズ・ブレークに負け、敗退した。ロンドンで金メダルをかけた決勝戦にたどり着くのも容易ではなかった。準決勝でフアン・マルティン・デル・ポトロと当たり、ファイナルセットのゲームカウント19-17で、激戦の末勝利することができた。

そのような状況であっても、決勝戦で有力視されていたのは、マレーではなくフェデラーだった。マレーの調子が大幅に改善し、フェデラーにストレート勝ちすると予想していた人はいただろうか。フェデラーは、北京でスタン・ワウリンカとのペアでダブルスの金メダルを受賞したことはあったが、いまだかつてシングルスの金メダルを手にしたことはなかった。

ロンドンではマレーが優勝したため、2016年のリオデジャネイロオリンピックでフェデラーが決然たる思いで金メダルを狙いに行くことはほぼ確実だ。彼の首に金色のメダルが提げられ、スイス国歌が流れる日は果たして来るのだろうか。

フェデラーのライバル
ライバルとの対戦の勝率

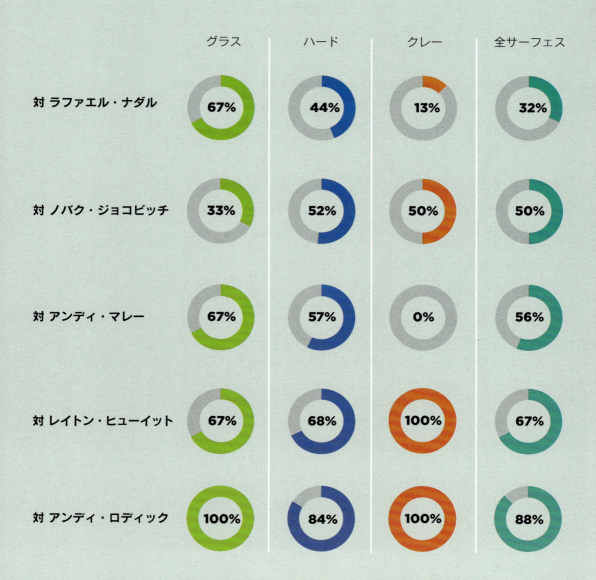

7　バレリーナ vs. ボクサー

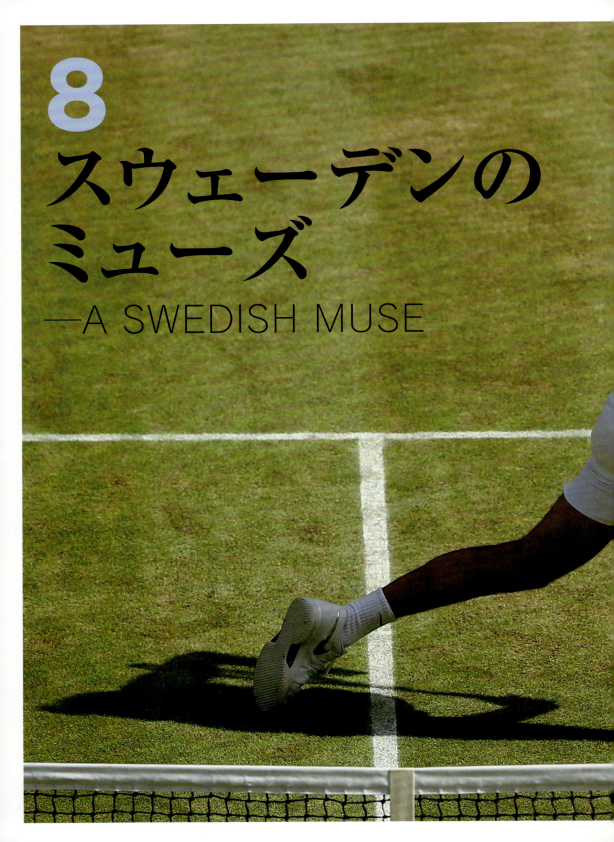

8 スウェーデンのミューズ
—A SWEDISH MUSE

30歳を過ぎてもトップレベルにいるテニスプレーヤーはどれだけいるだろうか。フェデラーはいまもなおテニス界で輝き続けている。否、進化し続けている。
2014年のウィンブルドン決勝での素晴らしいボレーがその証だ。その活躍の裏には、彼が子どもの頃から憧れていたスウェーデン人コーチの存在があった。

ロジャー・フェデラーがボレーするためにネットに駆け寄る姿は、孤高であり、威風堂々としている。他の選手も、コートで孤独であるという点は一緒である。テニスをする誰もが、冒険しサービスコートに踏み込むと無防備になる。得意なプレーがどのようなものであり、どのような戦略を立てていても、最終的にテニスは一対一の決闘である。自ら相手に向かっていき、相手がパスショットやロブ、もしくはイワン・レンドル流の頭を目がけたショットで攻めてくるのを一人で待つのは、決闘そのものの心持ちである。しかし、フェデラーは他のテニス選手よりもさらに孤独である。その孤独感はフェデラー特有のものだと言ってもいいだろう。

2015年の全仏オープン中のある朝、レキップはフェデラーのことを「un volleyeur solitaire（孤高のボレーヤー）」と表現した。普通の選手は、他に選択肢がないときにだけ前に出るが、フェデラーは普段からネットまで来ることを好み、ボレーはプレーに不可欠だと考える、珍しい品種だということだった。

サーブ・アンド・ボレーは、現代社会におけるファクシミリのような忘れ去られた技術である、とピート・サンプラスや他の選手が話すのを聞いたことがあるかもしれない。サンプラスやその仲間は、現代のラケットとストリングス技術の発展により、ベースラインからでも、「ボールを叩きのめす」ことができるようになったと説明する。「現代の選手は試合前のコイントスと、試合後の握手のときにしかネットに近づかなくなってしまった」とかつてのプロたちは嘆く。

ボレー以外の、テニスの要素、すなわち、サーブ、グラウンドストローク、フィジカル・コンディショニング、メンタルトレーニングなどは、選手たちがこぞって質を高めてきた。退化しているのは、サービスコートの中で行われるボレーだけだ。その考え方は、ある程度は正しいと言えるかもしれない。しかし、一人だけ無視できない例外がいる。それがフェデラーだ。彼は、その絶滅が危惧される技術をいかそうと、テニス界で誰よりも尽力してきている。

それは彼が30歳を過ぎてからのことだった。通常、30代の選手は、新しいことを始めるのを避けようとするが、フェデラーにとっては、テニスにおける彼のポジショ

▲ ウィンブルドンにてウォームアップ中の一コマ。フェデラーは、子どもの頃の憧れであり、2014－15年にコーチを務めたステファン・エドベリと喋っている。

ンを維持するために必要な試みだった。そして、その新しい試みのおかげで、彼は十分な競争力を維持しながら、テニスにおいて最も誉れ高いタイトルを狙い続けることができたのだった。

　テニス少年少女にとっては意外に感じるかもしれないが、ボレーは武器になる。サーブ直後でも、SABR後でも、普通のストロークショットの後でもだ。フェデラーはサーブ・アンド・ボレーも、リターン・アンド・ボレーも、普通のラリーからのボレーもすべてお手の物だ。

　2015年にドバイでフェデラーのシーズン前トレーニングの練習パートナーを務めていた、オーストラリアのタナシ・コキナキスによると、フェデラーのプレーで最も印象的だったのはボレーだった。SABRが登場する前のことだったが、それでもボレーが印象的だったそうだ。「よく覚えているのは、彼がネット近くまで出てきたときのプレーだ。到着したばかりで、ロジャーとの初めての打ち合いに気合いが入って

いた私は、強烈なショットをいくつも打ち込もうとした。彼はその練習中、一度もボレーを打ち損ねなかった。たったの一度もだ」

「ロジャーのボレーはどれも、ベースラインあたりの深い位置まで打ち込まれた。それを見て、本当に感心したのを覚えている。また彼は、ネットに出るスピードが本当に速いんだ」。そう言って、コキナキスは首を縦に振った。

■

最初、フェデラーはステファン・エドベリのどこがいいのか理解できなかった。1980年代から1990年初頭にかけてドイツのバーゼルで育った、テニスオタクの少年にとって、ボリス・ベッカーに夢中になることは無理もなかった。フェデラーは、若きベッカーがサーブやボールに向かってダイブするところも好きだったが、彼の勝利への強い意志が何よりも好きだった。その赤みがかった金髪の選手が熱い思いを持っていることは誰の目にも明らかだった。その点においては、フェデラー少年と一緒だった。フェデラーの友人たちが、「クールで洗練された」エドベリを応援するよう説得しようとしても、フェデラーは彼の良さが理解できないのだった。

当時のフェデラーは、まだ「クールで洗練された」技術を習得できていなかった。1988年と1990年のウィンブルドン決勝の際、フェデラー少年は、エドベリがベッカーを破り優勝する瞬間からその後の授賞式まで、溢れんばかりの涙を目にためてテレビを見ていた。彼がテレビ中継の最初から最後まで涙なしに見ることができたのは、二人の選手の3回の対戦のうち、2回目の1989年にベッカーがエドベリを破ることに成功した試合だけだった。

時を経て成長すると、友人たちがなぜエドベリに憧れていたのかフェデラーも理解できるようになった。エドベリはさりげなく、紳士的であると同時に、一歩間違えると無謀とも言える攻撃性と冒険心も兼ねそなえていた。クールな外見でありながら、内にはリスクを取ることを重視する熱さが潜んでいた。バーゼルの自宅のテレビの前に座るフェデラー少年にとって、一番のインスピレーションとなったのは、1992年の全米オープンにて6度目で生涯最後のグランドスラムタイトルを獲得したエドベリだった。

時を早送りし、30代になったフェデラーを見てみよう。彼は子どもの頃の憧れだった選手からヒントをもらいたくて、エドベリをコーチとして招いた。まるでエドベリが普通のコーチではなく、ミューズであるかのようである。彼がコーチを務めたのは2年間だったが、その間二人で一緒にコーヒーを飲んでいるときに、フェデラーの頭から雲状の吹き出しが現れたとしたら、こう書いてあっただろう。「目の前に、あのステファン・エドベリが座っている。信じられない。憧れのエドベリだ!」と。

◀ フェデラーは、エドベリのテニスに対する**姿勢**に憧れるようになった。

8 スウェーデンのミューズ

サーブ・アンド・ボレー
ウィンブルドンにおけるサービスゲームで、
フェデラーがサーブ・アンド・ボレーしたときの勝率

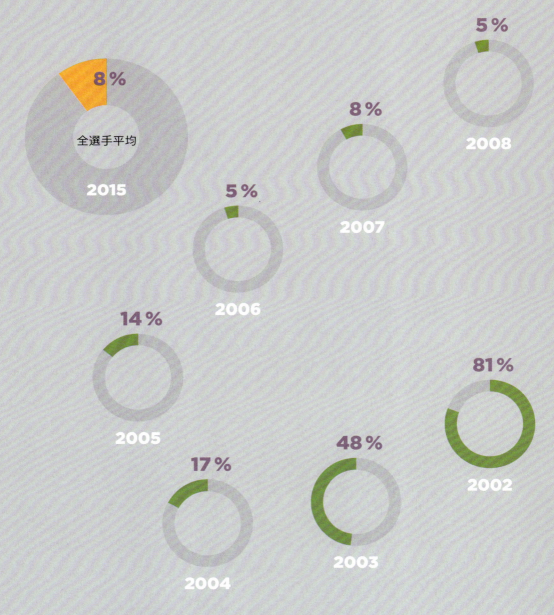

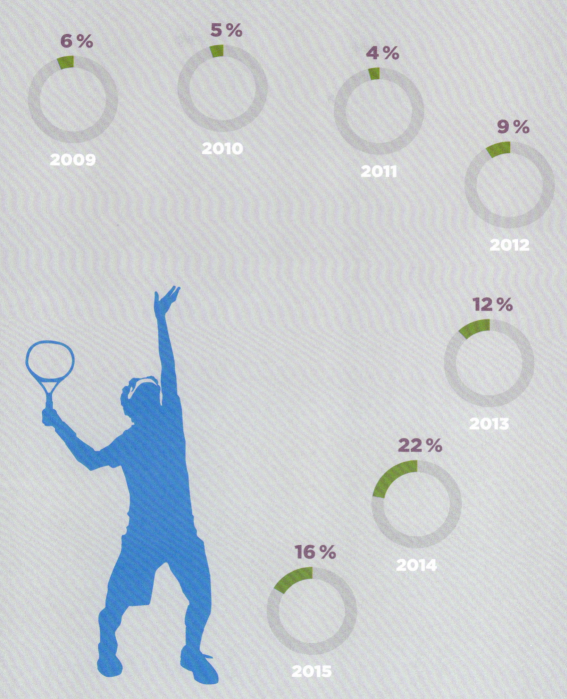

8 スウェーデンのミューズ

▲ 全豪オープンで
コーチのポール・
アナコーンと会話
するフェデラー。

　フェデラーは、ファンたちが彼と会うと気持ちが高ぶり、ドキドキするのがよくわかるはずだ。エドベリのまわりにいると、フェデラーもそうなるからだ。憧れの選手が自分のコーチとなり、彼の力を借りて数年ぶりに絶好調が訪れて、グランドスラムの決勝に出場し、世界ランキング1位の座を脅かし、デビスカップで優勝し、新しいショットを開発した。フェデラーにとって、これ以上の満足感を得られる方法はあっただろうか。

　異なる時代の二人のチャンピオンは、2013年全米オープン数日前にマンハッタンのミッドタウンにある由緒正しきホテル、ウォルドーフ・アストリアで出会った。ATPワールドツアー主催の、世界ランキング設立40周年記念パーティーが開かれ、歴代ナンバー1の選手たちが主賓として招待されていた。

　フェデラーとエドベリの両者がパーティーへの参加を表明したことを、ニューヨーカーたちは偶然が生んだ奇跡と呼ぶかもしれない。グランドスラム出場のための準備をしなければならなかったが、フェデラーは思ったより遅くまで残った。子どもの頃に涙を流す原因となった張本人と話す良い機会だったからだ。当時のフェデラーは、ポール・アナコーンの指導を受けて3年が経っていた。

　パーティーの数日後、フラッシング・メドウズのハードコートで、フェデラーはスペインのトミー・ロブレドに4回戦で敗れた。過去10年で準々決勝に出場できなかったのはその1回だけだった。しかし、それは失望の多いシーズンにもう一つ失望を足しただけのことだった。

　過去1年でわずか一度、ドイツのハレのグラスコートでしかタイトルを獲得でき

> フェデラーにコーチが必要かどうかはわからない。なぜなら、彼が3つのグランドスラムを獲得した2004年を含め、多くの素晴らしい成績を残したのはコーチ不在の期間だったからだ

ていなかった。また、グランドスラムではなかなか決勝に出られなくなっていた。その一年で最も苦しく、堪え難かったのは、腰の痛みを抱えたままウィンブルドン選手権の2回戦に出場したときだった。その結果、ウクライナのセルジー・スタコフスキーに負け、大会早々に敗退したのだった。フェデラーや彼の陣営からではもちろんなかったが、ニューヨークでロブレド相手にストレート負けしてからというもの、彼の引退を囁く声がちらほら聞こえてきたのだった。

ウォルドーフでパーティーが開催された夜から2カ月後、フェデラーはアナコーンとのコーチ契約を解消した。アナコーンをコーチとして迎えていた期間、フェデラーが4大大会で優勝したのは、わずかに1回、2012年のウィンブルドンだけだった。彼はこれからどうすべきか考えていた。再度コーチ不在で頑張ってみるか。それとも…。

一方、エドベリはテニスを引退後に知人と共同で設立した投資会社の仕事をしつつ、「静かで心地よい生活」を送っていた。まさか、フェデラー陣営にコーチとして加わるお誘いが来るとは想像すらしていなかった。彼は、プロフェッショナルテニス界に再び足を踏み入れたいとは思っていなかった。それが他の選手からの誘いだったら、丁重に断っていただろう。しかし、電話の相手がフェデラーだったため、すぐには断らずに、家族と相談し検討することになった。彼の家族は、あの賑やかなテニス界にパートタイムで復帰したいというエドベリの告白を聞き、賛成した。エドベリは「コート上でもコート外でも、ロジャーのような特別な存在と一緒に過ごせる機会を見逃すわけにはいかなかった」と振り返った。自分だったら彼の力になれるという自信があったため、なおさらだった。

しかし、フェデラーにコーチは必要なのだろうか。過去、コーナーにコーチが座っていなくても、多数のグランドスラムを獲得することができたではないか。3つのグランドスラムタイトルを獲得した2004年を含め、フェデラーのテニス人生で最も素晴らしい戦績を残したのは、コーチ不在の期間だった。

そのような期間もあったため、プロのトップレベルで活躍しているどの選手と比べても、フェデラーはコーチの助けなしでも大会に備えることができるようになった。コート予約、練習パートナー探し、そしてそのパートナーに依頼するところまで、すべて自分でできるようになっていた。それは大した作業に聞こえないかもしれないが、彼と同じような境遇に置かれた選手は、事務的な業務はしなかったし、できなかっただろう。コーチ不在の期間にコーチの存在に一番近かったのは、印刷された試合の公式統計データを試合後に彼に渡すIBM社員だったかもしれない。ロッカールームの噂話によると、フェデラーはその統計データを一瞥（いちべつ）しただけで、次の試合のためにどこをどう調整すればいいかわかる、とのことだった。

実のところ、フェデラーはそのようなデータを見なかったとしても、どこをどう調整すればいいかわかっていた。彼は、ある相手と数回対戦すれば、ものの数分考え

8 スウェーデンのミューズ

ネットプレー

フェデラーが優勝したグランドスラム決勝戦における、ネットプレーの勝率

成功 **74 %**

ネット前まで移動した1セットあたりの平均回数

12

全豪オープン

成功 **83 %**　　　**66 %**　　　**73 %**

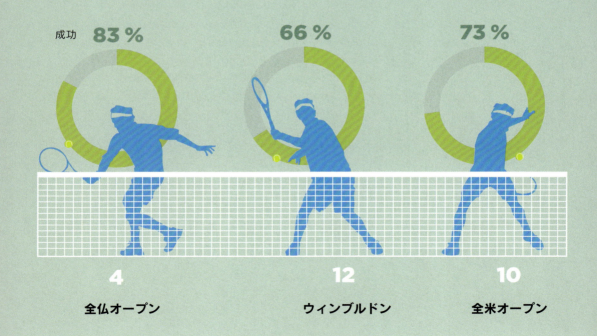

4　　　　　　　　**12**　　　　　　　　**10**

全仏オープン　　　**ウィンブルドン**　　　**全米オープン**

るだけで次の試合のための戦略を立てることができるそうだ。彼の言葉を借りれば、「自分一人の力で"なぞなぞを解く"ことができるのに、他人にお金を払ってことを複雑にする必要がどこにあるのか」というわけだ。仮に彼がコーチ契約を結んだとしても、以前のピーター・ラングレンとのように、年間40週間彼のそばにいるようなコーチはもう必要なかった。

例えば、元全仏オープンチャンピオンであり、オーストラリアのワガワガという町出身で、フェデラーよりも約40歳年上で、イワン・レンドルとパトリック・ラフターを指導した経験もあるコーチ、トニー・ローチとの関係を見てみよう。

英語では、一般的にコーチと選手の関係を「パートナーシップ（協力関係）」と呼ぶが、その言葉を使うと、フェデラーとローチの実際の関係よりも、密で強固な関係のように聞こえてしまう。しかし、二人の関係は、パートナーシップというよりも、約束事みたいなものだった。実際は、もっと緩かったかもしれない。実績を見てみると、表面的には二人の関係は大変な成功だった。２年半で、フェデラーは６回グランドスラム優勝を果たしている。

左利きだったローチは、同じく左利きのライバル、ラファエル・ナダルが何を考えているか理解するためのヒントをフェデラーに与えた。しかし、ローチはクライアントへの応対頻度が低く、グランドスラム前後にしかフェデラーのそばには来なかった。試合前後で「よくやった」とか「グッドラック」などのSMSが届くことはあったが、フェデラーとローチが連絡を取り合わない期間が長いときも多々あった。2007年全仏オープンのわずか２週間前にその師弟関係を解消することになったが、その理由としてフェデラーが挙げたのは、「言葉を交わす頻度が低すぎた」ということだった。

2008年シーズンの大半でコーチを務めた、ホセ・イゲラスもパートタイムだった。また、その後2009年にドバイでダレン・ケーヒルと試験的な訓練期間を設けた。彼はピーター・カーターの古くからの友人であり、アンドレ・アガシの元コーチでもあった。そのキャンプ後、フェデラーはケーヒルがコーチとしてツアーに随行してくれることを望んだが、ケーヒルは幼い子どもがいる家庭を優先したいと言って、"非常に魅力的でそそられる提案"を断ったのだった。そんなときにコーチに就任したのが、アナコーンだった。彼は、ローチやヒゲラスよりもフェデラーに時間をかけることができた。アナコーンの次には、パートタイムのエドベリが就任した。

コーチが入れ替わり立ち替わりする間、絶えずフェデラーのそばにいたのは、セベリン・リュティだった。彼は2007年からスイスのデビスカップキャプテンを務める傍ら、フェデラー陣営の一員となったのだった。イギリスのライター、クリス・バウワースはリュティのことを「ともに転戦する腹心の友、練習パートナー、そして共鳴板」と呼んだ。また、アナコーンは彼について「過小評価されているが、ロジャーの成功に貢献する大きな要素であり、ロジャーの最大の理解者である。有名ではないが、非常に大きな役割を担っている」と評する。そんな中、フェデラーはよりサポートが必要だと感じて、エドベリに依頼した。

▲ フェデラーは子どもの頃からの憧れをコーチに起用することになり、心が躍った。

　とは言え、1990年代半ばに引退し、過去約20年間の大部分をプロテニスから離れていたエドベリが、あのフェデラーに何を教えることができるのだろうか。「教える」という表現は、フェデラーのミューズ的な存在に用いるのは適切でないかもしれない。エドベリはミューズとして、フェデラーにどのようなインスピレーションを与えることができるのだろうか。

■

　空中でも、地上においても素晴らしいボレーヤーであるボリス・ベッカーは、「ロジャーのネット際の絶妙なタッチ」に感心した。
　2003年の夏、フェデラーが初めてウィンブルドンを制した際のIBMの公式トーナメントデータによると、フェデラーは全サーブの約50%をサーブ・アンド・ボレーしていたようだ。その前年に1回戦敗退したときは、81%だった。フェデラーが見慣れていたテニスは、ネットに突進するスタイルだった。
　また、彼の最初の真のコーチ、ピーター・カーターが彼に勧めた戦略も、サーブ・アンド・ボレーだった。前方のサービスコートに走り込むことが怖いと感じる選手もいるようだが、フェデラーは特に何も感じない。ツアーに参戦し始めたばかりの頃、アンドレ・アガシ、デビッド・ナルバンディアン、レイトン・ヒューイットといったハードヒッターと対戦するときには、グラウンドストロークで攻めるよりもボレーの方が成功確率が高かった。しかし、時が経つにつれて、フェデラーが弾む前のボール

を空中で捉えることは激減したのだった。

2004年のウィンブルドンでは、サーブ・アンド・ボレーの確率が20%未満に減少した。2005年にはさらに減り、2006年から2012年までは10%未満となった。セルジー・スタコフスキに敗れた2013年には若干増加したが、それでも10%強だった。この対戦では、一人だけサーブ・アンド・ボレー戦略を取っていたが、それはフェデラーではなくウクライナ出身の選手の方だった。得意なウィンブルドンのグラスコートでサーブ・アンド・ボレーしなければ、フェデラーはどこでサーブ・アンド・ボレーするというのか。

攻撃的なテニスをすることが少なくなったのは、ウィンブルドンのグラスコートでの球足が以前よりも遅くなった、もしくは選手がそのように感じるようになったためだ。グラウンドの主任整備員は、芝の種類が変更された2000年初頭から速さは変わっていないと言うが、選手はそれとは異なる意見だ。

フェデラーは、他の選手のプレースタイルに応じて自分のプレースタイルを調整することが多い。前方に出るよりも、心休まるベースラインで「待機し、サーブし、球を待ち、強いフォアハンドを打つ」ことを選択しがちになった。彼のライバルたちが、ストリングとラケットの技術的進歩により、以前よりも器用にパッシングショットを打てるようになったいま、あえて前方に出る理由はあるだろうか。

ステファン・エドベリと組み始めてから初めて大会に出場した2014年シーズンのサーブ・アンド・ボレー確率は、前年の夏の倍の22%となった。その戦略変更により、2年ぶりにグランドスラムの決勝に進出し、もう少しでオール・イングランド・クラブで8回目の優勝を手に入れられるところだった。5セットにまで及んだノバク・ジョコビッチとの決勝戦では、ボレーで44ポイントを獲得した。それが連続してのポイントと仮定すると、11ゲーム、2セット弱となる。「ロジャーは信じられないほど鋭いボレーを打っていた」とジョコビッチが驚いたのも無理はない。

「昔のロジャーが戻った」と言う人もいたが、そこまでではなかった。まだ昔の半分くらいだった。それでもエドベリのおかげで、フェデラーは過去数年間のスランプからようやく抜け出すことができたのだった。

その夏、彼は胸に「Betterer (Better + Federer=ベターなフェデラー)」とプリントされたTシャツを着て出かけた。そして、年末にかけて、ジョコビッチの1位の座をおびやかし続けたのだった。彼が見事な復活を遂げることができたのは、ひとえにエドベリの穏やかで、賢明で、根気強い励ましの言葉のおかげだった。その言葉により、ネットダッシュし、ボレーすることへの抵抗が薄れ、また自信を持てるようになったのだ。

シーズンの終わりにリールにて開催されたデビスカップは、「テニスをして過ごした美しい週末」とフェデラーが呼びたくなるような大会となった。彼はフランスのリシャール・ガスケを下し、スイスに初めてトロフィーをもたらした。

▶ 次頁：2015年全米オープン決勝にてフェデラーはノバク・ジョコビッチと対戦した。

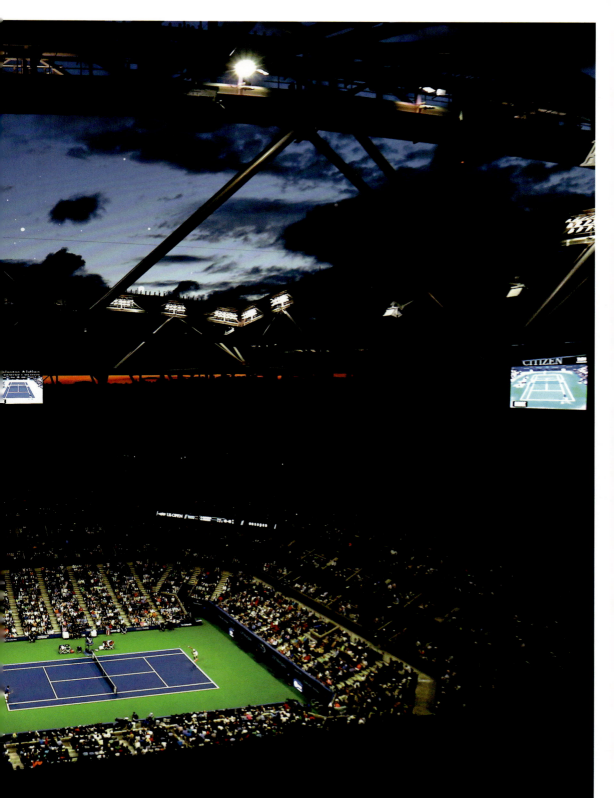

エドベリと組み始めた年の締めくくりにこのような成功を収めたことが彼にとってどれくらい喜ばしいことだったかは想像に難くない。ただし、スウェーデン人のエドベリは、スイスのデビスカップ関係者ではなかったため、リールには同行していなかったのだが。

　フェデラーは2015年ウィンブルドン選手権の際、エドベリが"まだ良いボールを打つことができ"、十分に自分の練習セッションのウォームアップ相手を務めることができるということを発見したのだった。しかし、肩の故障により、以前のエドベリのようなスタイルではプレーできなくなっていた。思慮深くて、堅実なエドベリは、全盛期のような頻度と潔さをもってサーブ・アンド・ボレーをするよう、フェデラーに強いるようなことはしなかった。テニスはその時代と比べると進化しており、攻撃一辺倒は、ただの無謀とも言える。エドベリがフェデラーに提案したのは、それまでよりも頻繁にボレーを用いるということだった。

　フェデラーのボレー改善に貢献したコーチはエドベリが最初ではなかった。ピーター・ラングレンは以前、スイスのジャーナリスト、ルネ・シュタウファーに、いかに若きフェデラーが「ボレーを嫌っていたか」について説明したことがあった。それは、フェデラーが憧れていた選手たちやピーター・カーターのプレースタイルを考えると、信じ難いことだった。元々ロジャーは、「まるでサービスコートにサメがいるかのように、前方に出ることを避けていた」という。「私たちは、訓練を積むことでサメを追い払ったんだ」と。

　また、トニー・ローチもフェデラーのネットプレー改善の一翼を担った。しかし、歴代コーチの中で、最もフェデラーのボレーに影響力があったのはエドベリだったと言えるだろう。エドベリとフェデラーの間でどのような会話がなされたかはわからないが、エドベリのおかげでフェデラーのボレーは劇的に良くなったのだ。フェデラーは言う。「もしかしたら、またボレーすることが可能であり、やればできるのだということを再び気付かせてくれたのかもしれない」

　ベースラインにいてほとんど前後に動かない選手と比べ、サーブ・アンド・ボレーを多用する選手にとって、自信を持つことはとても重要である。相手にパッシングショットを打たれてポイントを失うたびに、後方のベースラインに退散するわけにはいかないからだ。フェデラーは、40－0でリードしているときにサーブ・アンド・ボレーすることは容易いと言う。しかし、15－30でできるかと言われるとどうだろうか。「試合の全体の流れを見て、その中でボレーの価値を見出すことができれば、できるはずだ」と彼は話す。

　ポール・アナコーンも、エドベリと似通った指導をしていたはずである。「もっと攻撃し、もっと前に出るように」と。しかし、フェデラーはアナコーンよりもエドベリの言うことの方がすんなりと頭に入ったのだった。エドベリと違い、アナコーンは世界ランキングで1位の座に登り詰めたことがなかった。一度もグランドスラムタイトルを獲得したことがなかった。頂点に登り詰め、下り坂に差し掛かっているいまの

◀ 打ち合いが短ければ短いほど、フェデラーがポイントを取る確率が高い。2015年ウィンブルドン選手権データより。

フェデラーとエドベリは共に人間的に気難しいわけでも粗暴でもなかった。最初こそ距離があったが、すぐにそれは縮まり、最終的には言葉を交わさなくても意思疎通ができるまでになった

フェデラーに、手を差し伸べることができたのはエドベリ以外にいただろうか。

ピート・サンプラスは「エドベリであれば、コーチとして何をどうすれば、フェデラーの力を最大限発揮させることができるかわかっていただろう」と推察する。「まず、第一に、ステファンはいい人なんだ。一緒にいて心が休まるし、この世界で戦い続けることの辛さや苦しみがわかっている。ロジャーに何をどのように言えば伝わるか、十分に理解していたと思う。ステファン自身、攻撃力を強みとした選手だった。だから、攻撃の仕方や身体能力をどのようにいかすべきかなど、組み始めてすぐの頃からフェデラーに少しずつヒントを伝授していたと思う。ステファンはとても頭が切れる人だから、キャリア後半に差し掛かっていたロジャーに対し、何をどうすればいいかがわかっていたのだろう。私は、二人の組み合わせはうまくいくと最初から思っていたよ」

フェデラーとエドベリは、他の選手と比べ、人間的に難しい方でもなければ粗暴な方でもない。しかし、二人が組み始めた当初は、ちょっとしたぎこちなさがあった。選手とコーチが組み始めてすぐに起こりがちなことだ。特に、選手が昔から憧れていた人をコーチとして招いたときに起こりやすいこととも言える。フェデラーは、エドベリに何を言っていいか、何を聞いていいかがわからず戸惑っていたため、逆になんでも口にしすぎたし、質問もしすぎた。一方、エドベリは、考えていることをいつ、どの程度フェデラーに言うべきか、それとも何も言わない方がいいか、確信を持てないでいた。

しかし、しばらくすると、二人はお互いを理解できるようになった。数週間が経ち、数カ月が経ち、いまだにエドベリが部屋に足を踏み入れ近づいてくると心が弾むものの、フェデラーは以前に比べると、エドベリのことを恐れ多いと感じることが少なくなってきた。フェデラーが面白がったのは、元チャンピオンである彼を、新しくなったトーナメント会場に案内することだった。何年ぶりかで訪れる会場は変わっており、フェデラーはツアーガイドのように、練習コートやロッカールームの場所を指差しながら、説明するのだった。お互いに慣れると、二人は容易に意思疎通できるようになった。また、ときには言葉を交わさなくても、心地よい沈黙を通じてわかり合うことができるようになった。エドベリは選手時代にも、自分がスーパースターだとは思っておらず、注目を浴びていたいという願望もなかった。ロンドンに住んでいたときは、一般市民のように地下鉄で移動することに全く抵抗はなかった。コーチとしても、同様に控えめにしていることを望んでいた。

二人の紳士のツアー中の協力関係において、栄光はすべて選手のものとなることを、このコーチは了承済みだった。これは、イワン・レンドルとアンディ・マレー、ベッカーとジョコビッチなど、同時代の他のコーチと選手の関係とは異なる性質のものだったかもしれない。例えば、シンシナティにおいてSneak Attack by Roger（SABR）が

公開された際のエドベリの反応がそうだ。そのとき、エドベリはシンシナティの試合に同行していなかった。新戦術開発に関して手柄を挙げたいという思いが全くなかったエドベリは、テレビで見て初めてSABRのことを知ったと記者に説明したのだった。SABRのお披露目は、対戦相手だけでなく、エドベリをも仰天させたのだった。

　しかし、エドベリの貢献がフェデラーのボレー頻度の改善だけだったと言うつもりは毛頭ない。他に例を挙げると、エドベリはトーナメントの合間のトレーニング方法にも手を加えた。以前、フェデラーは試合と試合の合間の数週間、トーナメントの直前になるまでは、ポイントを数える試合形式の練習はしていなかった。しかし、エドベリは、試合のリズムを整え維持するために、次の試合がいつであるかにかかわらず、練習では常にポイントを数える模擬試合をするべきだとフェデラーを説得したのだった。

　エドベリは数々のアドバイスをし、様々な面でフェデラーに影響を与えたが、最も多くの給料とボーナスを得たのは、ボレー頻度を増やすよう説得し、それが功を成したからだった。2015年のウィンブルドン選手権でジョコビッチに2夏続けて敗れ、準優勝に終わった際、フェデラーのサーブ・アンド・ボレー率は16％だった。前年のトーナメントの数値には6％届かなかったが、これは全選手平均の10％よりも幾分か高い数値であり、ジョコビッチの2％と比べると随分と高い数値だった。

▼ フェデラーは股抜きショットで、観客を沸き立たせる。

勝利記録
サーフェス別のフェデラーの勝率

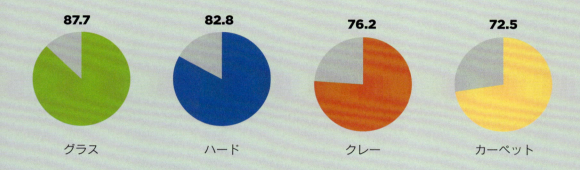

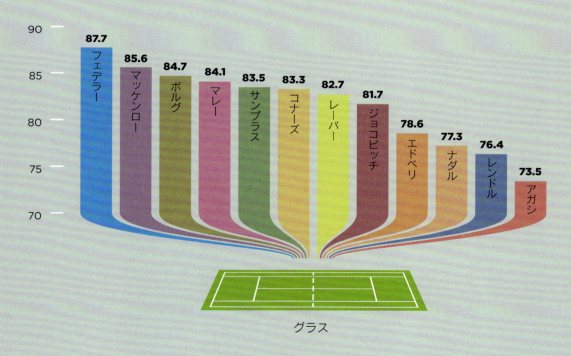

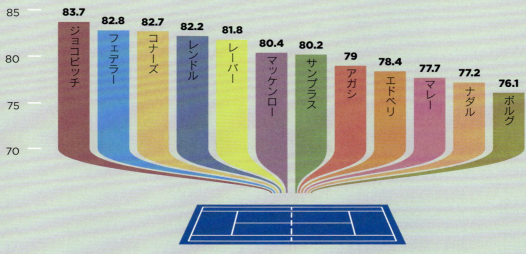

ハード

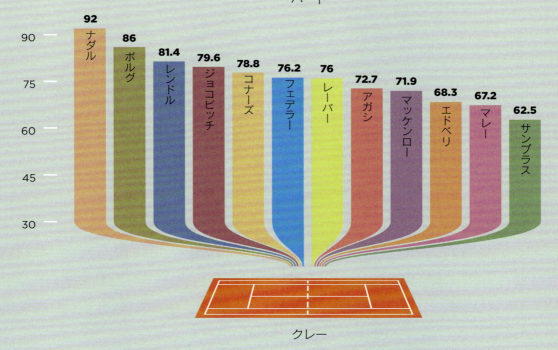

クレー

8 スウェーデンのミューズ

オール・イングランド・クラブに、今度はBBCのコメンテーターとしてかつてのライバルを見に戻ってきたアンディ・ロディックは、フェデラーがやみくもにネットに突進することなく、強いボレーのための体勢を保ちながら攻撃に出る姿を見て、笑みを隠せなかったという。
　ビッグ4の誰と比べても、攻撃性が高いのはフェデラーだった。打ち合いになると、どちらかが攻撃する方となり、もう一方が防御する方になるが、フェデラーは常に攻撃する方でいることを好んだ。そのポジショニングは、彼のテニスに対する姿勢そのものだった。10代の頃も、20代の頃も、フェデラーはコートの後方からであれ、ネット際の前方からであれ、ポイントをなるべく早く取ることを目指し戦ってきたのである。
　そして、30代になったいまはなおさら、各ポイントを短く抑えるためにラリーで主導権を握ることが大事だ。そうやってベースラインで行ったり来たりする回数を減らし、体力の消耗を抑えることができる。ネットに攻め入ることで、フェデラーが攻撃を仕掛け、相手が受け身にならざるを得ない状況を作る。確かに、パスショットやロブやその他の方法で裏をかかれる危険性はあるが、ベースラインで犬のようにボールを追いかけるよりはマシである。フェデラーは、自分のペースで試合を進められるテニスをしたいのだ。

■

　ロジャー・フェデラーに合う、より大きいラケットに行き着くまでに、約100本のプロトタイプが作成された。フェデラーにラケットを提供する、シカゴを本拠地とするウィルソンの技術者たちの話によると、その倍以上、実に250種類のフレームが開発されたとのことだった。「ロジャーは、開発中のラケットに合わせ、打ち方を調整することができた」と彼のラケットの維持管理を任されているネイト・ファーガソンは言う。
　「以前、ピート・サンプラスとともに1年半ラケット開発をしたが、ピートは前のラケットと全く同じ打ち方をして、全く同じ打球となることを求めていた。一方で、ロジャーは楽しみながら、様々なラケットを試し、彼のテニスをよりよいものにしてくれるような、楽に強力な球を打てるようなラケットを探していた。ピートは、世界でも有数のパワーヒッターだったが、そのときに彼が求めていたのは、そのパワーをラケットでいかに上手にコントロールできるかということだった。一方、ロジャーは、最新のテニスから後れを取らないためには、もっとパワーが必要だと気付き、それを求めていたんだ」
　フェデラーの復活劇の基礎となったのは、ステファン・エドベリの起用、腰痛の改善、そして、従来よりも大きなラケットに変更したことだった。どの選手にとっても、使い慣れた道具を置き、新しい道具を手に取ることは勇気がいるものだ。フェデ

◀ 2015年全米オープンにて攻撃を仕掛けるフェデラー。

8　スウェーデンのミューズ

フェデラーが黄金時代に使っていたラケットのヘッドサイズは、ツアーに参加している他の選手のものと比べても最小の90平方インチのものだった。しかし、彼はさらなる進化を求めヘッドサイズを広げることを決断したラーのこの決断は、彼のキャリアの中でも最も重要なものの一つだっただろう。だからこそ、長期に及ぶ試打期間を設け、細かい調整をし、悩み考え、さらに新しいアイディアを取り入れ、実験を繰り返したのだった。

フェデラーが17のグランドスラムを勝ち取った黄金時代に使っていたラケットのヘッドサイズは、ツアーに参加している他の選手のものと比べても最小の90平方インチのものだった。ピート・サンプラスとステファン・エドベリに憧れていた若かりし頃のロジャーは、85平方インチのラケットを使用していた彼らに影響され、自分も小さいラケットを使うべきだと信じていた。

90平方インチのラケットを使う前は、85平方インチのものを使っていた。10年弱、彼はその大きさを超えるラケットを使おうとしなかった。彼のライバルたちは、よりパワフルな打球とより大きなスイートスポットを求め、どんどん大きいラケットに持ち変えていったが、フェデラーは昔ながらのラケットを使い続けたのだった。しかし、彼も大きいラケットに持ち変えることを考えていないわけではなかった。また、科学や新技術につき全く聞く耳を持たず、無知だったわけでもなかった。彼に対し「より大きなフレームを試してみてはどうか。大きいフレームにするといままでフレームの真ん中で捉えることができずミスショットとなってしまった球にも対応できるようになる」と勧める人もいた。フェデラーは世界一の才能の持ち主だったが、彼のライバルたちよりもミスショットの確率が高かったのだ。

「大きいラケットにすれば、よりパワフルなショットを打つことができるし、ミスショットも減るのではないだろうか」。誰もがそう思った。サンプラスはキャリアを通して85平方インチのラケットにこだわったが、引退後のエキシビションマッチでプレーするために大きいラケットを使ってみたところ思いのほか使い勝手がよかったため、全盛期に大きいラケットに持ち替えなかったことを後悔していると言う。

フェデラーがウィルソンに連絡し、当時彼が使用していたラケット、プロスタッフよりも大きなフレームのラケットへの変更を検討したいと伝えたのは、2013年のシーズンが始まって1、2週間後のことだった。その年の全豪オープン終了後、ウィルソンの技術者はフェデラーに試打してもらうために、異なる種類の大きいヘッドのプロトタイプを複数持ち、スイスに飛んだ。フェデラーは、夏頃までは90平方インチのラケットに戻したりしていた。しかし、ウィンブルドンでセルジー・スタコフスキに惜敗してからは、ラケットを変えることにより積極的になったのだった。

それから、多くのラケットが試打され、ダメ出しされ、精緻な調整がかけられた。ラケット研究所では、ありとあらゆる角度から検証され、問題点が挙げられ、課題の解決策が発見され、リモデルされた。ヘッドの大きさ、フレームの堅さ、ラケットのバランスポイントや構造など様々な要素が検討された。ウィルソンは練習や試合に使うためのラケットとして、真っ黒な試打ラケットを準備した。ラケットの色により、

[フェデラーのコーチで最も成功したのは誰だったか？ 彼自身だ！]

選手の反応に影響を与えたくなかったからだ。

2013年のシーズンで思うような結果が出せず、フェデラーはついに新しい大きなラケットに変更することに決めた。その新しいラケットは、ウィルソン・プロスタッフ・RF97・オートグラフとして知られるようになるものだった。数字の97は、そのラケットの平方インチを表している。検討の結果、フェデラーは従来のラケットよりも7平方インチ、8％大きいラケットにした。しかし、ビッグ4の他の選手のものと比べると、それでもまだ彼のラケットが最小である。ノバク・ジョコビッチもラファエル・ナダルも、100平方インチのラケットを使っていると言われている。アンディ・マレーのラケットは98平方インチだ。

週末にテニスを楽しむような人が、フェデラーの昔のラケットを使いこなすのは非常に難しいだろう。また、新しいフレームも、通常のカスタムフレームよりも約40グラム重い340グラムであるため、アマチュアが使いこなすのは簡単ではないはずだ。

フェデラーの、ラケットを変更するという決断は、弱さの表れであると捉えられるべきではない。もちろん、長年慣れ親しんだ技術をパニックの末に投げ出すというわけでもない。ラケットを変更するということは、いままで彼が愛用し、彼に適していた技術をベースに、技術者と協力しながら付加的な要素を加えるという作業だった。それは、思いきった一手であったが、同時にスマートで、計算された、完全に分別のある決断だった。2014年のフェデラーの飛躍が、その証である。

従来よりも大きいラケットを使うという決断により、フェデラーのテニスのすべてが変わった。彼曰く、この新ラケットのおかげで、球がよりパワフルになり、

▶ 2015年全米オープン決勝戦にて、ジョコビッチ相手にフェデラーは攻撃的な戦略で攻め入る。

ファーストサーブの確率が以前よりも高くなったそうだ。ファーガソンもそれに同意する。「ロジャーのサーブは以前と比べると威力が増している。前とは全然違う。ラケットを変えて、エースを打ちやすくなったのだ」

この新しいラケットは以前のものよりもパワーがあるため、その分、フォアハンドでもバックハンドでも、スイングのテイクバックを短くすることができる。ストロークがコンパクトになるということは、立ち位置を前に、すなわちベースラインからさらにその内側までずらせるということだ。つまり、以前よりも素早くネットに出ることができるのだ。「数平方インチの追加によって、ロジャーはバックハンドで攻撃する機会が増えた。彼のバックハンドのスピードは増している。特に、ダウンザラインの球の速度の変化は顕著だ。新しいラケットに変えてからは、彼の球はより強力になり、プレーもより攻撃的になった」とロッド・レーバーは説明する。

ノバク・ジョコビッチの声が少しだけ上ずった。会話の内容により少々感情的になったようだった。2014年のウィンブルドン選手権でロジャー・フェデラー相手に5セットに及ぶ、最高の質と緊張感のある試合に勝利したときのことを話していたのだった。

「僕にとっては、それは夢のようなシナリオでの勝利だった。対戦相手のフェデラーは、ウィンブルドンで記録的な数のタイトルを獲得していて、ウィンブルドンのコートを過去何年も圧倒的な強さで支配してきた。その選手にこのコートで勝った。しかも、5セットにも及ぶ耐久レースみたいな接戦の末の勝利だった。それ以上のシナリオを自分で書こうとしても無理だ。その日は、感情的になってしまった。コートの上で、感情が溢れ出て来るのを感じたんだ。子どもの頃のことを断片的に思い出した。乗り越えなければならなかった精神的な壁や過去の苦労、それまでの成功を一緒に喜んでくれた親しい人々…。こういう瞬間のために、日々努力してきたんだ。ウィンブルドンのセンターコートで、最大のライバルとタイトルマッチで対戦するというビジョンや夢を持っていままでやってきたんだ。そしてその戦いで勝利し、タイトルを獲得することも想像してきた。それをいままでずっと夢見てきたんだ。それを実際に、自分の手で実現し、それに伴う溢れんばかりの感情を経験した。本当に、言い表せないくらい不思議で素晴らしい体験だった！」

フェデラー物語は、オール・イングランド・クラブで築かれた輝かしい功績で散りばめられている。しかし、大変興味深いのは、ウィンブルドンで行われ、フェデラーが出場した名勝負のベスト2は、いずれも彼が負けた試合だということだ。2008年のラファエル・ナダルとの決勝戦と、その6年後に行われたジョコビッチとの決勝だ。逆説的に聞こえるかもしれないが、それはもしかしたら、フェデラーの才能と実力に起因するのかもしれない。対戦相手が特別なことをしなければ、彼を破ることができない、ということだ。

第4セットで、ジョコビッチのマッチポイントを防いだ瞬間もあった。その瞬間、フェデラーは8度目のウィンブルドン優勝という史上初の快挙達成まで残り1セットだった。

▶ 2015年ウィンブルドン決勝戦にて。フェデラーはジョコビッチと対戦。

▶ P208-209：2015年ウィンブルドン決勝戦終了後、フェデラーとジョコビッチはセンターコートを一周する。

8　スウェーデンのミューズ

オール・イングランド・クラブでのフェデラーの物語は輝かしい功績で紡がれている。しかし興味深いのは、ウィンブルドンで行われ、フェデラーが出場した名勝負のベスト２はいずれも彼が負けた試合だということだ

また、第5セットに入り、ゲームカウント4－4で15－15のジョコビッチのサービスでのことだった。フェデラーに、スマッシュチャンスが訪れた。通常であれば、間違いなく打てるものだったが、あろうことかネットに捕まってしまった。テレビコメンテーターは、そのような瞬間が来ると、次のようにコメントするだろう。「さっきと同じ球が100球来たら、フェデラーは99回は問題なく打ち返し、わずか1球だけがミスショットになるだろう」

そのときのフェデラーは、確率が低い1球の方を打ってしまった。もし、スマッシュが決まっていて、ジョコビッチが15－30で劣勢となっていた場合、ジョコビッチはその後、安定した精神状態でプレーし続けることができただろうか。その後、ジョコビッチはフェデラーを15に抑えたままキープし、次のゲームでブレークを果たしたのだった。

もしフェデラーが持ちこたえていたら、その試合は2008年ウィンブルドン決勝戦を超えて、テニス史上名勝負ランキングでトップに輝いていたことだろう。「あのような試合で戦った片方の選手にとっては（今回はロジャーだが）、試合について話すことは非常に苦しいと思う。だから、ロジャーには試合について話さない方がいいと思う」とジョコビッチは彼を 慮 った。「もちろん、時が経ち、個人的な会話をしていると、話題に挙がることはある。勝者にとっては夢のような試合があったこと、そのとき自分が何を体験したかを思い出すのはいいものだ。口には出さないかもしれないが、あのような試合の瞬間瞬間は長期間、もしかしたら一生、頭から離れることはないことを、対戦した二人は知っているんだ」

翌年、フェデラーは再びウィンブルドン決勝進出を果たした。アンディ・マレーとの準決勝では、サーブが絶好調だった。試合直後、フェデラーの父、ロバートは言った。「ロジャーはまだまだいけるし、まだテニスもうまいという何よりの証拠だ。『同じウィンブルドン決勝進出でも、もうすぐ34歳という年齢で出場することは、以前よりも達成感を感じるものか？』。それはいい質問だ。ロジャーは皆が思うほど年寄りではない。2年前（2回戦敗退したとき）にも同じようなことを書いたが」

21歳で初めて4大大会のタイトルを手にした選手が、ここまで長きにわたり、テニスのトップレベルで活躍するとは実に信じ難いことである。フェデラーのグランドスラム優勝回数更新をウィンブルドンで2年連続で妨げたのは、ジョコビッチただ一人だった。彼は黄金世代、すなわちラファエル・ナダル、アンディ・マレー、そして彼自身の存在が、フェデラーをさらなる高みに引き上げたのだと言う。同時に、フェデラーと他の選手たちが、彼の能力を引き上げたのだった。このディフェンスが抜群に優れたモンスターが誕生するのに最も加担したのはフェデラーだと言う人もいるくらいだ。フェデラーのように攻撃できる選手は他にいない。また、ジョコビッチのように相手の攻撃を跳ね返し、防御できる選手も他にはいないのだ。

「いまのテニスは、以前のテニスとは全く違う。フェデラー、ナダル、マレー、自

分も含めてその他の選手は、この競技のレベルを高めスタンダードを高めてきているんだ」。ジョコビッチは言う。「この競技をどこまで素晴らしいものに進化させられるか、どこまで一緒にそれができるかを考えると、期待で胸が膨らむよ。皆が常に進化しているし、熱心で、テニスのすべての側面のレベルが向上していっているんだ」

　ピート・サンプラスは、新しいイベントであっても出場しようと思うフェデラーの向上心に驚きを隠せない。「ロジャーの才能を疑ったことはないが、30代半ばになったいまでもテニスをし続け、世界中を飛び回って、様々な大会で優勝したいというモチベーションを維持していることには驚嘆するよ。彼は、大会という大会を総なめにしたが、その後もいろいろな大会で優勝し続けた。それでも、まだ足りないんだ」

　また、フェデラーがこの歳で、2015年全米オープンの決勝戦までわずか52ゲームしか落とさず勝ち進むことを可能とした新戦術Sneak Attack by Rogerを新たに導入したことも、驚きだ。グランドスラムの最初の6回戦で、フェデラーが落としたゲーム数がそこまで少なかったのは過去に一度だけで、2006年ウィンブルドン選手権決勝で同数のゲームを落としたときだった。それは約10年前のことである。

　数週間前にシンシナティの暑くて、球足の速いコートでジョコビッチを破ったものの、残念ながら雨で試合が延期となったニューヨークでは同じ結果をもたらすことはできなかった。ジョコビッチがフェデラーの18回目のグランドスラムの夢を破ったのは、1年と少しの間で3度目のことだった。フェデラーは23回にも及ぶブレークポイントチャンスを作ったものの、それをものにできたのはわずか4回だった。

　このニューヨークシティで行われたグランドスラムが、フェデラーと彼の子どもの頃からの憧れの人が組んだ最後のトーナメントとなった。2015年のクリスマスの少し前に、2年間の幸せな期間を経て（グランドスラムで1、2度優勝できていたら、「この上なく幸せ」という表現を使っていただろうが）、彼はスウェーデン人コーチとの関係が終了したことを公表した。男子部門における多くの選手とコーチの関係とは異なり、コーチが首にされたり、追いやられたりしたわけではない。二人が威厳を保ったまま、相手について温かい言葉で表現できるような終わり方だった。「夢が叶った」とフェデラーは言った。「素晴らしかった」とエドベリも同意した。二人の協力関係は、元々予定していた1年から、その倍の期間に延長されていたのだった。

　その後、フェデラーは昔からの友人であり、同世代のテニス選手でもあるイワン・リュビチッチにコーチの役割を務めてほしいと依頼した。現役時代のリュビチッチのプレースタイルは、エドベリのものとは全く異なるものだった。このクロアチア出身の選手は、ベースラインハードヒッターだったのだ。フェデラーがリュビチッチを起用したからと言って、いままで彼がエドベリとともに築き上げてきたものを崩すということではなかった。「エドベリは本当に多くのことを教えてくれた。彼から受けた影響はこれからも、自分の中で生き続けるだろう」と感謝の言葉を述べた。エドベリはフェデラーの転戦に同行することはなくなるが、フェデラー曰くそれでも「いつまでも、チームの一員」なのである。

9
赤い封筒
—THE RED ENVELOPE

ロジャー・フェデラーほど人々から愛されるテニスプレーヤーはいないだろう。
彼の人気は、多くのライバル選手たちを悩ませてきた。
というのも試合は常にフェデラーの"ホーム"になってしまうからだ。
彼の熱狂的なファンたちは、その熱い想いを"赤い封筒"に入れて届けているという。
本章では多くのファンを虜にさせてしまう彼の魅力に迫る。

2015年にオール・イングランド・クラブにて開催された決勝戦の翌朝、ウィンブルドンの規定通りの全身白を纏ったテニス選手がイギリスのある新聞の一面を飾っていた。それは、コーチであるボリス・ベッカーとジョン・マッケンローの記録に並び、センターコートで3度目の優勝を果たした前日のチャンピオンのノバク・ジョコビッチではなかった。その写真は、新聞の折り目の上半分を使うほど大きくて人の目を引いた。準優勝した、ロジャー・フェデラーの写真だ。フェデラー物語"ウィンブルドンの養子、打ちひしがれる思い"には、いくらジョコビッチでも太刀打ちできるわけがないのだ。

世間のフェデラーに対する崇敬のために、他の選手がスポットライトを浴びたり、注目される機会を失ったのは初めてのことではない。その編集者は、ただ単に、世間が読みたがっている記事を書いたまでのことだ。このイギリスのメディアによるジョコビッチの扱いは、数カ月後にニューヨークで再度フェデラーと対戦するときの一般のテニスファンによるぞんざいな扱いと比べたら、まだ良心的な方だ。アーサー・アッシュ・スタジアムの観衆の前で、ジョコビッチがファーストサーブをフォルトするなど、なんらかのミスをすると拍手が起きたのだった。ときには、ブーイングの声がスタンドから聞こえることもあった。

この現象は、雨が止むのを待っている間に彼らが飲んだビールによって増幅された可能性は否定できないが、フェデラーに対する崇敬の気持ちが対戦相手への敵意になったとも言える。その日の会場では、コーチのベッカー、妻のエレナ、そしてハリウッド俳優であり友人のジェラルド・バトラー以外の全員がフェデラーを応援しているようであり、あたかもセルビア人一人対ニューヨークの全人口とも思えるほどであった。気分を落ち着けるためにジョコビッチは「観衆は自分の応援をしているんだ」と自分に言い聞かせようとした。「観衆が『ロジャー!』と叫ぶと『ノバーック!』と叫んでいると思い込もうとしたんだ」

ビッグ4の他の二人の選手も、フェデラーと対戦するときには、同じような逆境に立たされることがあるという。ラファエル・ナダルは、ローラン・ギャロスのクレーコートで何度優勝したことか。ある特定のグランドスラムで最も多くタイトルを

▶ ウィンブルドンでのフェデラーの試合ウェアは、テニスがオートクチュールに近づく瞬間でもある。

　獲得しているのは、彼であるにもかかわらず、パリジャンたちはフェデラーびいきであることを隠そうとしない。
　また、2012年のシーズンファイナルがロンドンの東にある会場で開催され、アンディ・マレーが全米オープン優勝以来初めて母国で開催される試合に出場したときも同じだった。英国人としてグランドスラムタイトルを獲得したのは1930年代以来彼が初めてで、そのタイトルを獲得して間もない頃に母国での試合に出場したのだ。そのような状況だったため、ロンドンの観衆はマレーびいきだろうと期待されたが、蓋を開けてみるとそうではなく、ギャラリーの多くはフェデラーを応援した。それはまるで、そこがロンドンではなく、バーゼルのザンクト・ヤコブ・ハレ（聖ヤコブホール）にいるかのようだった。

■

　フェデラーの最も熱狂的なサポーターたちは、フェドヘッド（頭はフェデラーのことばかり）やフェデラーフィリ（フェデラー愛好家）と呼ばれることもあるが、本人たちは自分たちのことをそうは呼ばない。特に呼び名は決めていないようだ。しかし彼らには、ある決めごとがある。それが「赤い封筒」だ。彼らはフェデラーが出場する大会では、応援メッセージを赤い封筒に入れて彼に手渡しするのだ。
　フェデラーは、ソーシャルメディアを受け入れ、積極的に活用している方だ。数百万人のツイッターフォロワーを持つ影響力を利用し、大好きなポップコーンの絵文

◀ 2015年フェデラーは13年連続で最も人気がある男子選手に選ばれた。

　字がないことを不満に思ってつぶやき、絵文字を作ってもらったこともあった。その一方で、彼のファンたちは、ツイッターやフェイスブックができる前からある古典的な方法をフェデラーとのコミュニケーションツールにしている。それを聞くと、なぜか爽やかな気持ちになるのは筆者だけだろうか。
　その封筒の中身は、RFというロゴの入ったキャップを被ったり、RFというロゴの入ったTシャツを着たり、RFのイヤリングを身につけるファンの比ではないくらい熱烈な想いが綴られているのだった。恋い焦がれるような想いであり、心からの愛情だ。それをロジャーへの「強迫的な執着」と呼ぶのは、そこにある感情を無視することになるため、適した表現ではないように思う。
　「赤い封筒」の受け渡しが始まったのは、フェデラーが初めてグランドスラム優勝を果たした2003年だった。ファンの一人が、ファンレターや応援メッセージを集め、それを大会前の練習のときにフェデラーに渡したのがきっかけだ。フェデラーは手書きや印刷されたメッセージが好きだ。まだ駆け出しの頃、彼は大会で優勝するたびにわざわざ電報で、バーゼルにいた元コーチのマデリーン・バーロッチャに勝利の報告をしていたくらいだ。当初、公式シールで封印された赤い封筒がフェデラーに渡されたのは、4大大会でだけだったが、いまは彼が出場するすべての大会で渡されている。
　「ロジャーは受け入れてくれ、彼のことを想うことを許容してくれている。姉が弟を思うように、彼を守りたいという強い気持ちを持っているわ」と最もフェデラーに執心するファンの一人、コリーン・テイラーは説明する。「私は大会があるたびに、短いメッセージを書くようにしているわ。赤い封筒の配達も2度担当したことがある。本当にそれはいい経験だった。ロジャーはその伝統のことをいつも覚えてくれていて、誰かが届けに来るとわかっているから、気にかけていてくれるの。練習コートで赤い封筒を掲げれば、ほとんどの場合ロジャーに気付いてもらえる。彼がその配達員のところまで来てくれて、受け取ってくれるのよ」
　封筒に入れるためのメッセージを提供している人を見つけるのは難しくない。スタンドに掲げられた「シー、静粛に。天才作業中」と他の観客の協力を求める横断幕の近くに集まっているからだ。この横断幕の言葉はテイラーが入れたものだった。2006年の春、彼女は友人のジュディスとクリスティーナとともに、「生フェデラー」初観戦でマイアミ大会に行く予定だったため、横断幕を準備した。横断幕はその観戦旅行の記念の品である。「当時、ロジャーはインディアン・ウェルズで優勝したばかりだった。その優勝に関する記事の中で使われていた表現だったの。素晴らしいと思ったから私たちも使おうと思ったのよ」
　過去10年弱、その横断幕はフェデラーが出場する大会という大会で掲げられた。「マイアミでの試合で腕を広げてその横断幕を掲げていたら、AP通信に写真を撮られたわ。大会終了後、ジュディスがその横断幕を捨てるのはもったいないと思い、RogerFederer.comで、次の大会でこの横断幕を使いたい人を募集したの。そこから伝説が生まれたのよ」とテイラーは微笑む。「ファンは、その横断幕を掲げるし、その横断幕にサインもするのよ。このことがファンの間で有名になり、ロジャーもそれを認識するようになったのよ」

9　赤い封筒

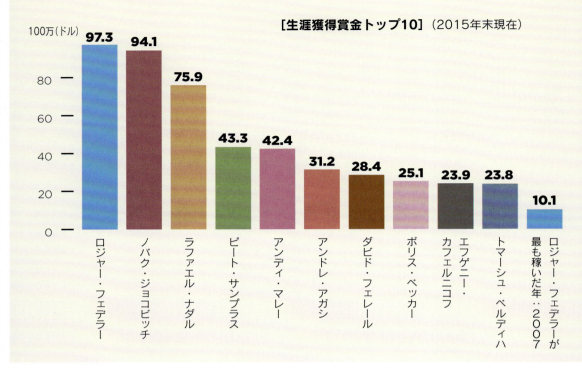

[生涯獲得賞金トップ10]（2015年末現在）

- 97.3 ロジャー・フェデラー
- 94.1 ノバク・ジョコビッチ
- 75.9 ラファエル・ナダル
- 43.3 ピート・サンプラス
- 42.4 アンディ・マレー
- 31.2 アンドレ・アガシ
- 28.4 ダビド・フェレール
- 25.1 ボリス・ベッカー
- 23.9 エフゲニー・カフェルニコフ
- 23.8 トマーシュ・ベルディハ
- 10.1 ロジャー・フェデラーが最も稼いだ年：2007

　他のどの選手もこれほどの愛情を生み出してはいないだろう。ビョルン・ボルグがウィンブルドンの「バイキングの神」だった頃、オール・イングランド・クラブの秘書が地域の女子校の校長に、生徒の管理徹底を依頼する手紙を書いたことがあったが、それでもここまでではなかったはずだ。

　南アメリカのオフシーズンエキシビションツアーでブラジルを訪れたとき、ファンのあまりのヒステリックな状態を見たフェデラーは当惑した。「他の国と比べても、泣き崩れ、倒れるファンが多く、続出したんだ。震えているファンがあれだけいたのには、驚いたよ。私が腕で支えながら、『大丈夫だから、大丈夫だから』と落ち着かせなければならなかったんだ」

　いままでフェデラーがプレーをしたことがない国だったのにもかかわらず、それだけの大騒ぎになったのだ。夏の終わりの風物詩のようにフェデラーの姿が市内で見られるのに慣れているニューヨークシティであっても、彼が現れたときのファンのリアクションはさほど変わらない。ある全米オープンでサインを求めるファンたちが押し寄せ、6歳の男の子が下敷きになってしまったことがあった。それを見つけたフェデラーは心配し、監視員にその子を助け、コートに連れてくるよう依頼した。また、フェデラーは、その場にいなくても混乱をもたらすことがある。上海で彼のモノマネをしていた人が（あまり似ていなかったが）街を歩いていると、ファンに囲まれたことがあった。

　しかし、フェデラーの最も熱狂的で興奮しやすいサポーターは外からVIPテントの様子を窺おうとしている人ではなく、そのテントの中にいる人かもしれない。元テニ

ス選手だったクリス・エバートは、現役時代はクールで感情を表に出さない選手として知られ、「アイスクイーン（氷の女王）」として知られていた。

　しかし、近年はコメンテーターとして活躍しており、以前とは変わった様子である。フェデラーのテニスを見ると、涙が出ることがあるそうだ。「なぜここまでロジャーを好きなのか？　わからない。でも、とにかく好きなの。何かはわからないけど、私の心の琴線に触れるものを持っているのよ。本当に何かわからないけど、私は感情的になってしまうの。過去40年テニスにかかわってきたけど、ここまで私を感情的にする選手はロジャーだけよ」

　ファン投票による、「ツアーに出場している選手で一番好きな選手」として、過去何年も1位に選ばれてきたことにも容易に頷ける。直近の2015年でも人気は衰えず、13年連続で1位に輝いている。「ボルグは愛されていたが、程度が違う」とはマッツ・ビランデルの弁。「いまだかつてテニスでこのようなことはなかったし、他の競技でもなかったと思う」

　フェデラーが、スーパースターのような扱いを受けず、大会の合間には静かで穏やかな生活を送ることができそうな国は、スイスだけだ。フェデラー陣営に近い人物が言う。「世界中でロジャーは、実物を見たら誰もが驚く神聖な牛みたいな扱いをされている。しかし、スイスでは違う。スイスの人々は他の国よりも、控えめな人が多いんだ」

▼ 世界中で愛されるフェデラー。

「確かに、スイスのテニスファンは、アメリカ人のようにオフのテニス選手にサインを要求したりはしない」とマルティナ・ヒンギスは言う。また、オールド・ボーイズ・テニス・クラブが彼の写真をクラブハウスの壁に飾ったり、彼にちなんでコートの名称変更をしたのも、彼がグランドスラムを3回優勝してからだった。それでも、スイス人の感覚からすると、クラブハウス側の反応が少しオーバーなのではないかと感じるくらいだそうだ。

　フェデラーの素晴らしさは、本来控えめなスイスをも変えてしまったようだ。スイスの選挙で立候補もしていなかったにもかかわらず、彼が得票したことがあるそうだ。投票用紙にファンが名前を加え、投票したのだ。

　有名になるということがどういうことかを彼が身をもって体験したのは、ウィンブルドン初優勝後に、スイスのグシュタードの山岳トーナメントに出場したときのことだった。突然、皆が彼のところに寄ってきたのだ。テニスコートでも、ホテルのロビーでも、リゾート町を歩いているときも。グランドスラムで優勝するたびに、知名度も上がっていった。まだ20代の頃に、現存するスイス人として初めて肖像画が切手になった。「アーミーナイフや山のように、スイスの象徴になれて光栄だ」とフェデラーは喜んだ。

■

　「フェデラーがテニスコートで為(な)すことすべて（それが試合中でなくて、たとえボールキッドにボールを軽く打つだけだとしても）がかっこよく見えるんだ」とマッツ・ビランデルが語る。記録や試合統計もすごいが、それだけではこれほど世界中の人たちから寵愛(ちょうあい)を受けることはなかっただろう。「彼のテニスへの情熱は本物だ。しかし何よりも、彼の技術がすごい。皆が見たいテニスを彼は体現しているし、そこに現代的なひねりも加えられている。いとも容易く難しいショットを成功させる。彼は軽やかで、まるで浮かんでいるように見える。コート内外での彼の言動も人気の一因ではあるが、彼が世界中の人から愛されている最も大きな理由は、やはり彼が素晴らしい技術を持っているからだと思う」

　あのレベルの品格とテクニックがあると、国籍は関係なくなるようだ。テニスファンは、他の競技のファンと比べると、それほど国への思い入れはないらしい。そのため、彼がどのパスポートを持っているかよりは、彼のプレーやショットへの関心の方がはるかに大きいのだ。最近の選手に多い、打つときに唸り声を出さないことも関係しているようだ。

　フェデラーの「完璧な髪型」も彼の人気を助けているとビランデルは考えている。また、彼のルックスや、ポイントの間に歩く姿も加点要因として挙げられるだろう。彼は、米ピープル誌の「最もセクシーな男たち」特集の「セクシーな外国人男性」部門に選ばれている。ピート・サンプラスによると、彼の最も大きな魅力は控えめな人柄だと断言する。

　企業の評判に関するリサーチ大手のレピュテーション・インスティテュート社の

Roger-Federer-Allee
Tennis-Weltstar
Rekordsieger GERRY WEBER OPEN

▲ グラスコートトーナメント会場のあるドイツのハレにて。この道路はフェデラーにちなんで名付けられている。

　研究結果もサンプラスの意見を裏付ける。同研究所によると、世界で最も尊敬される人物は1位のネルソン・マンデラに次ぎ、2位がフェデラーだそうだ。マンデラが逝去する数年前に、25カ国、5万人を対象に調査が行われたそうだ。フェデラーの後には、ローマ教皇、バラク・オバマ、エリザベス女王が続く。
　「ロジャーの人気がそこまで高く、そこまで人々から愛されるのは、彼は記録保持者という我が物顔をしていないからだ。彼は腰が低く、試合のときには、ただひたむきにテニスをしている」とサンプラスは褒め称える。「ロジャーは、自分がいかに素晴らしい選手であるか、いかに素晴らしいチャンピオンであるか自己認識できていないようだ。彼は、相手よりも自分が上であるとは絶対思わない。そこが彼の魅力の源泉だと思う。私はそんな彼の姿勢が好きだし、態度や行動が好きだ。私と同じで、多くの人がロジャーのそういうところを好きなんだと思う」
　過度な賛美を受け、フェデラーも動揺することがある。2012年のオフシーズン中の南米で「ヒステリア・ツアー」とも呼びたくなるようなときは、泣き崩れひざまずくファンたちを前に、冷静を装っていた。しかし、その外見とは異なり、内心は平静を失っていた。ここまでの極端な好意ともなると、慣れるのに時間がかかる。フェデラーはあるとき、こう漏らしたことがあった。「自分の出発点がどこだったか、自分がどういう人間なのかということを、定期的に自問し再確認する必要がある」と。それをするためには、ときに「普通の生活」に戻る必要がある、と彼はスイスのターゲスアンツァイガー紙に語っている。

1000回の勝利

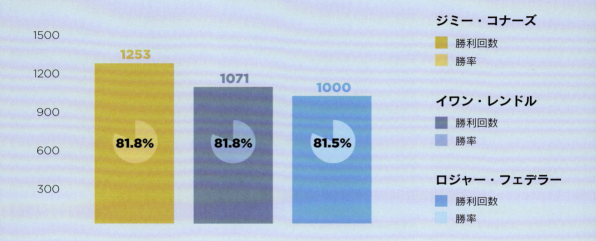

フェデラーの1000回の勝利に最も貢献した選手たち（敗退回数）

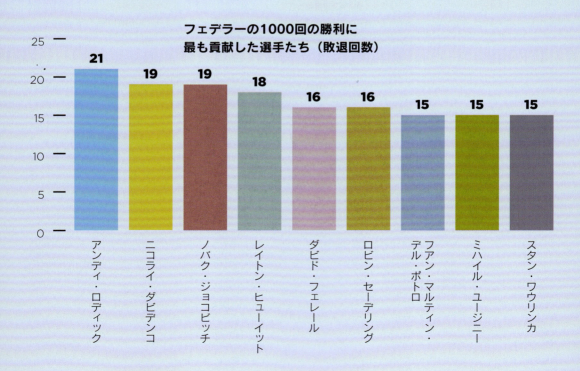

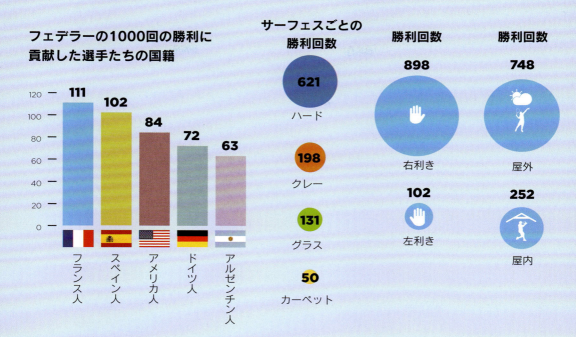

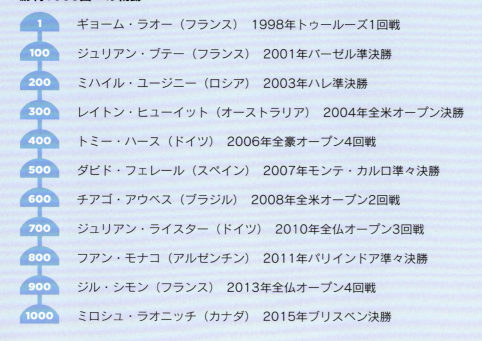

9 赤い封筒

その普通の感覚を保つためには、私生活が外部に邪魔されず私的であり続けるという安心感があるとなおよい。フェデラーの側近から情報が漏れることはまずない。それは、彼とミルカの結婚式の日時が、招待客30数人の誰からも外部に漏れなかったことを見てもわかるだろう。メディアや一般の人が知ったのは、フェデラー本人が発表したからだった。ミルカが双子の女の子を出産したときもそうだ。側近以外の人々は、てっきり一人しか生まれないものと思っていたのだ。

一旦、心のバランスを取り戻すことができると、フェデラーは再び「自分でも信じられないほど劇的で素晴らしい人生に戻り、浸る」ことができるようになると言う。過去のチャンピオンの中には、サンプラスのように名声に当惑した選手もいた。しかし、フェデラーは若い頃から名声を欲していた。その欲は、ツアーに参戦し始めて間もない頃、ファンからトミー・ハースやカルロス・モヤと間違われてさらに強くなったのだった。

一部のファンとの接触には困惑することはあるものの、フェデラーはファンの憧れの的でいることに心地よさを感じている。彼は以前こう述べている。「スターでいることが好きだ。磁石のように人の注目を集めることはとても好きだ」。彼が人から注目を浴びることを好む性格でよかった。でなければ、いまのような状況には耐えられなかっただろう。フェデラーは、いまの地位に完全に慣れたようだ。ステージの中央が、いつでも、いつまでも彼の居場所である。もちろん、グランドスラムで、ローラン・ギャロスのスザンヌ・ランラン・コートのように2番目に大きなスタジアムでプレーすることもあるが、そんなことはあまり気にしない。とは言え、やはり中央から外れたコートで、観客もまばらだと、「いまと同じレベルのモチベーションは維持できないだろう」と肩をすくめるが。

■

アメリカで開催されたジュニア・トーナメント後に250ドルをかけて髪をブロンドにブリーチした、まだツアー選手としては駆け出しの荒削りのティーンエイジャーからは、ずいぶんと成長したものである。当時、フェデラーの両親は腹を立て、コーチや友人たちは面白がった。「ロジャーはあの日、帽子を被ってクラブに到着し、それを取ることを嫌がっていた」とオールド・ボーイズ・テニス・クラブのコーチは言う。「いまでもクラブにはそのヘアスタイルのロジャーの写真が飾ってあるんだ。だから、彼は忘れたくても忘れることができないだろう」

数年後、フェデラーは髪を肩まで伸ばした。それは彼が好んだロックミュージックの影響だったという。当時の彼のコーチ、ピーター・ラングレンも同じような髪型をしていたため、二人が一緒にいると、まるでミュージシャンのツアーの楽器などの積み込みをするアシスタントスタッフのようだった。

洗練され、堂々とした振る舞い、そして完璧なお坊っちゃんヘアのフェデラーになるのはそれからしばらく後のことだった。当時のフェデラーの趣味は、ポップグループのバックストリートボーイズとアメリカン・レスリングだった。アメリカン・

レスリングは、ショーマンシップと劇場性があるから好きだったそうだ。特に、ジ・アンダーテイカーやザ・ロックというレスラーが好きだった。

　現代のテニス少年たちは、テニスをしていないときにはプレイステーションで遊んだりするが、フェデラーが少年だった頃もそれとさほど変わらなかった。彼はジェームズ・ボンドのゲームが好きだった。ときには、ラングレンもゲームに付き合うことがあった。ラングレンが勝つことはあまりなかったが、勝った場合には、ロジャーはゲーム機をホテルの部屋の反対側まで投げて悔しがった。フェデラーは言った。「大丈夫。もう一つ新しいのを買うから」

　長髪のゲーマーだった頃のフェデラーを知る人のうち何人が、彼とイギリス国王の後継者とその配偶者、ケンブリッジ公のウィリアムと公爵夫人のケイトが将来親しい仲になるなどと想像できただろうか。あるいは、ある夏のウィンブルドン選手権前に、彼とミルカがバークシャーのミドルトン家に招かれ、昼食後に少々テニスを嗜むなんて誰が想像しただろうか。

　アメリカ版ヴォーグ誌の編集長であり、小説と映画『プラダを着た悪魔』に登場する鬼編集長のモデルともなったアナ・ウィンターに初めて会ったとき、フェデラーは彼女が誰か知らなかった。その当時、フェデラーのクローゼットには、ジーンズ2本しか入っていなかったということからも、彼のファッションへの関心がどれくらいだったか想像に難くないだろう。2002年の全米オープンで初めて出会ってから、アナ・ウィンターは彼のファンとなった。一時は、ロックスターのギャヴィン・ロスデール（ロックバンド、ブッシュのボーカルであり、歌手グウェン・ステファニの夫）、元女子プロテニス選手のクリス・エバート、プロゴルファーのタイガー・ウッズも彼女とほぼ同じくらい彼にハマっていたことがあったものの、フェデラーの最も「セレブ」なファンは彼女だと言えるだろう。

　アナ・ウィンターは、フェデラーのキャリアで最も重要な瞬間にほとんど立ち会ってきた。いつも彼のゲストとしてボックス席やベースラインの後ろのVIP席に座り観戦しているのだ。彼女は、彼の試合をテレビで見るために出席していたファッションショーを途中退席することでも知られている。年月を重ね、アナ・ウィンターは、彼の親しい友人となり、非公式なご意見番にもなった。ある年、彼女はフェデラーのために、マンハッタンのレストランでパーティーを主催した。ウィンターによると、彼女はフェデラーをいくつものファッションショーにエスコートし、彼は「ファッションの創造性、ユーモア、個性」を好きになったという。いまの彼は、「いつもと同じ青い上着」を着ているところをメディアに何度も撮られることを嫌がっている。「洋服にはお金をかけている。洋服は投資の一種だと思う」とフェデラーは話す。

　ここ何年かは、フェデラーのウィンブルドンの試合ウェアがどのようなものとなるかの予想と、それが世に出ると、その評価・批判が夏の風物詩の一つになっている。長い歴史を見ても、男子テニスが最もオートクチュールに近づく瞬間である。そのフェデラーのハイファッションに、ウィンターの影響が現れているという人もいるが、ニューヨーカー誌によると、彼女は金色が散りばめられ縁取られたウェアをもう少しトーンダウンした方がいいとアドバイスしたそうだ。「ロジャーは少し派手めを好む

▲ アメリカ版ヴォーグ誌の編集長のアナ・ウィンター（右）とファッションショーに出席するフェデラー。

みたい」と彼女はコメントしている。

　彼の試合ウェアが、ウィンブルドンの全身白ルールに適合しているか否か、事前にオール・イングランド・クラブの確認が入る。そのような制約にもかかわらず、いや、その制約があるからこそなおさら、フェデラーの衣服を提供するナイキは2006年頃から創造性に富んだデザインのものを提供してきている。最初の夏は、彼の紋章が胸ポケットに刺繍されたレトロなブレザーだった。その次の夏は、F・スコット・フィッツジェラルドの「グレート・ギャツビー」を彷彿とさせるブレザーとフランネルパンツのコーディネートだった。その年は、フェデラーはナダルを破り、ボルグ以来のウィンブルドン5連覇を達成した。勝利に酔いしれた彼は、興奮のあまり授賞式でパンツを前後逆に穿いてしまい、批判が殺到した。しかし、言わせてもらうと、ファッションを取り締まることを生きがいとする人たちは、彼のファッションを少々真剣に捉えすぎではないかと思うがどうだろうか。

　2008年には、シャツの上に5つボタンのヘリンボーンのカーディガンを着用し入場した。2009年には、人々が「エンジェルミリタリールック」と呼んだ、白基調のミリタリー調のスーツにベストを身につけ、金のラメ付きの白いバッグを手に現れた。金は、トロフィーとの関連性を表現したものだったが、フェデラーは、これ見よがしに派手なファッションで「見せつけようとしている」と言われることは避けたいと思っていたので、このコーディネートはさすがに「ギラギラしすぎていた」との意見が大半だった。その後、彼のウィンブルドンウェアは以前と比べると落ち着いたものになった。とは言え、ウィンブルドンの白基調ルールは、「非常に厳しい」とも思っている。それは、靴の裏がオレンジ色だったため、靴を履き替えなければならなかった自身の経験から来ているのだろう。

　フェデラーの衣服が批評の対象となったのは、ウィンブルドンだけではなかった。ある年、全米オープンの夜の試合で全身黒のウェアを着用したため、ダースベーダーと呼ばれたこともあった。全身黒に身を包もうと思ったのは、アーサー・アッシュ・スタジアムの夜のライトの下で、タキシードを纏っているかのように見せたかったからだ。

　彼はテニスファッションに熱が入っているため、各コーディネートを3着ずつ保管しているそうだ。ナイキが、毎シーズン10から12回新しいウェアを作るため、彼のクローゼットはテニスウェアで溢れかえっているに違いない。

フェデラーブランドで最も印象的なのは、RFのモノグラムだ。それは、彼が着用するものほぼすべてに刻印されている。最初のフェデラーロゴは、彼のサインに由来しており、当初は彼がプロデュースしたメンズコロンのマーケィングに使われていた。その香水は発売中止となり、ロゴを使用し続けるというアイディアだけが生き残った。

　その後2006年にロンドンで、彼独自の紋章が作成された。紋章には、スイスの十字架、芝生、獅子座、苗字のF、そしてそれまでに獲得してきた3度のウィンブルドン優勝を象徴する3本のラケットが描かれた。他にも、RFのモノグラム付きのキャップ、Tシャツ、その他ブランド化された商品が多数販売されることとなった。

　サッカーサポーターは、昔から応援するチームの衣服や頭につけるアクセサリーなどを着用し、スタンドからでもチームへの忠誠心を表現することができた。フェデラーは、彼のサポーターも同じように応援できることから、ロゴ付きグッズは気に入っているそうだ。彼は、いまの自分のステータスを非常に心地よく思っている。ツイッターでは、フェデラーの「自己満足」を愛情を込めて茶化す、偽フェデラーのアカウント@PseudoFedがある。フェデラーはわざとらしい謙遜をしない。しかし、だからといって、彼が傲慢ということにはならないはずだ。

　ある年、オール・イングランド・クラブからウィンブルドン・ビレッジまで歩いた誰もが、ある教会が掲げた「神がロジャー・フェデラーを作った」という横断幕を目にしたことだろう。センターコートの観衆だけでなく、教会の牧師までもがフェデ

▼ウィンブルドン用のコーディネートでポーズをとるフェデラー。

ラーを愛しているのだ。

フェデラーのライバルたちにとっては心穏やかなことではないだろう。2015年全米オープンでノバク・ジョコビッチがしたように、「観客は自分を応援している」と自分に言い聞かせ、自分を騙そうとするしかない。「自分を騙すことは非常に難しい。他の選手は、自分がロジャーほどの人気があると思う権利すらないと思う。それだけ人気に大きな差がある」とマッツ・ビランデルは言う。「フェデラーと人気競争をしたいのであれば、テニスで勝負することは諦めた方がいい。観衆は常に何があってもフェデラーを応援しているので、他の選手が彼を破ると、勝利したにもかかわらず、せっかくのお祭り騒ぎをしらけさせてしまったような気分になる。それは選手にとって、結構堪える。フェデラーと対戦するたびにそのような状況になるので、意気込みを保つのが相当難しいと思う」

ジョコビッチは、世間の尊敬の的であることは間違いないが、広く愛されるキャラクターではない。だからこそ、世間のフェデラーに対する愛に戸惑いを隠せない。「ロジャーはテニスコートの伝説だ。彼はテニスを変えた男だ。コート上での成功と、コート外での好感の持てる立ち居振る舞いにより、ほとんどの場合、彼は観客のひいきの対象となっている。彼と対戦する自分にとっては厳しい状況だ。実のところ、本当に大変なんだ。キャリアの初めの頃は、どうすればいいかわからず困っていた。どうやったら世間を自分の味方につけられるか考えていたが、結局わからなかったよ」とタイムズ誌に話した。「でも、観衆を責めるわけにはいかない。こればかりはどうしようもないことなんだ」

ロッカールームの他の選手たちもそうであるように、ジョコビッチもフェデラーを責めるようなことはしない。対戦する選手であれば、多数のトロフィーのみならず多数のファンの忠誠心まで掠め取っていったフェデラーに対し、怒りを覚えることは一見簡単そうだが、意外と難しいようだ。ツアーに参加していた選手でフェデラーと同世代のジョン・イスナーは、「テニスが宗教だとすると、ロジャー・フェデラーは神だ」というフェイスブックページを共同運営していたくらいだ。ある夏ウィンブルドンで、フェデラーは対戦相手サム・クエリーの頭を越えるロブのツイーナーを打った。そのアメリカ人選手は、あまりに見事なショットだったため、ネットの反対側まで歩いて行き、「ロジャーにハイファイブ」したいという衝動に駆られたという。幸いなことに、彼は冷静になって行かなかったが。そのような行為は、特にウィンブルドンでは適切ではない。「彼を破りたいが、それと同時に彼のテニスを見ることは本当に面白いんだ」とクエリーは言う。

ジミー・コナーズは、以前センターコート上の人生を「戦争みたいだ」と表現した。しかし、それは騒乱の1980年代のことでありフェデラー時代とは異なる。いまは平和的な選手が多く、花を髪飾りにしたヒッピーや反戦運動家の時代のようである。

「長年にわたりフェデラーのライバルたちを苦しめてきたのは、このスイス人選手があまりにいい人であるため、試合に向け苦々しい怒りや敵意を糧に気持ちを高めることができないことではないか」。そうジョン・マッケンローは考えている。

「フェデラーには品格がある。ライバルたちにとっては、それが問題かもしれない。

彼の短所を見つけることが難しいんだ。ロジャー・フェデラーのことを好きじゃない男子選手は、一人もいないのではないだろうか。私やジミー・コナーズだとそうはいかない。他の歴代世界ランキング1位の選手たちを見渡してもそうだ」

　ビランデルはこう同意する。「ナダルやマレーやジョコビッチみたいな選手にとって、フェデラーとの対戦に向けたイメージトレーニングで敵意と怒りの理由を探すことは非常に難しいだろう。ロジャーはいい奴で、プレーもかっこよくて、テニスでできることはすべて達成してきた尊敬すべき人だという印象がある」

　彼らが指摘するように礼儀正しさが重んじられるこの時代には、一心不乱なテニスは不向きで、選手たちもそのようなテニスができなくなってしまったのかもしれない。しかし、すべての選手がマッケンローやコナーズのように、スポーツドリンクとバナナに加え、憤りの感情を戦いの燃料とする必要はないだろう。やはり、フェデラーの成功の大部分は、彼の人に好かれる性格のおかげというよりは、彼のテニスによるところが大きいはずだ。

■

　コーヒーテーブルに飾られるような大判で写真が多い本が話題になることは少ないが、17歳でのウィンブルドン初優勝から30年経った2015年に出版されたボリス・ベッカーの自叙伝は少々物議を醸した。その本によると、フェデラーと彼の雇用主であるジョコビッチが、「特段お互いを好きではない」ことは「公然の秘密」だというのである。

　「ロジャーが歴代のスポーツ選手の中でも、最も年収が高い部類に入るのは、彼が皆に好かれる性格だからだ。しかし、考えてみてほしい。誰にでも好かれるということは、個性がないということだ。誤解しないでほしいのは、『ロジャーは個性がない』ということを言いたいわけではない。ロジャーに個性はある。言いたいのは、誰にでも好かれているというイメージを描くのは不可能なのに、なぜそんなことをしようとするのか理解できないということだ」

　このコメントには、驚きを隠せない。というのも、彼はフェデラーのことを「テニス史上、最高の親善大使」と称した直後だったからだ。第一、フェデラーがここまでテニスで果たしてきた役割を考えると、実に納得がいかないコメントである。確かに、ジョコビッチがツアーに参加し出したときにフェデラーは彼の言動に満足していたわけではなかった。ジョコビッチはよく他の選手のものまねをしていた。フェデラーの言葉を借りると、ジョコビッチの"綱渡りする"ような言動に"猛烈に感心しているわけではない"ということだった。しかし、その後ジョコビッチは行動を改め、以前のような緊張状態は消え去り、それからすでにしばらく経っている。また、フェデラーは一度、ジョコビッチの両親に「静かにしてください。いいですか？」とモンテ・カルロ・カントリー・クラブで行われた試合中に言ったことがあるが、それも相当昔のことだし、その発言はフェデラーの性格や、ジョコビッチやその家族に対する感情を表している言葉ではなかった。

▶次頁：ドバイトーナメントのプロモーションで、フェデラーとアンドレ・アガシはヘリパッドでテニスをした。

9　赤い封筒　　229

フェデラーはベッカーの本で書かれていることを見て、それは正しくないと言った。「ベッカーは全然わかっていない。彼は私のことを十分に知っている。私が堅苦しくないくだけた人間であることはわかっているはずだよ」

グランドスラムタイトルを巡って戦っている二人の男性が、親友になることは誰も期待していないが、ジョコビッチとフェデラーの関係は礼儀正しいだけでなく、好意的であるとも言えるほどだ。

セルビア出身のジョコビッチは第一子誕生前に、フェデラーに親としての心得のアドバイスを求めたこともある。このライバル関係は、マッケンローとコナーズが敵対していたときのように毒と敵意に満ちたものではない。ベッカーが言う「誰にでも好かれているという不可能なイメージを描こうとしている」という主張は、馴染まない。

テニスのバックステージ、すなわちロッカールームでは、狭いスペースに選手たちが集まっているため、何かを偽ることはできない。選手たちは疲弊し、苦難を抱え思い悩み、すり減った素の状態で、感情をむき出しにしてロッカールームにいるのだ。このようなベッカーのコメントは、「不必要」であるとフェデラーは言った。どのテニス関係者の口からであっても十分不愉快な話だが、今回それがベッカーの口から出た言葉だと知り、より深い傷となったことだろう。「もちろん、私は彼が言ったことを快くは思わなかった。彼は、一時期私の憧れだったんだから」とフェデラーは声を落とした。

また、過去にはフェデラーとマレーの間の緊張関係についても噂になったことがあった。2008年にドバイのトーナメントでマレーがフェデラーを破った頃から始まったようである。大会後、フェデラーは、マレーがそのままのプレースタイルを維持していると、将来勝利を「捻り出さないと」いけなくなるかもしれないとコメントした。批判的に聞こえたかもしれないが、フェデラーにはそんなつもりは毛頭なかった。彼の意図は、マレーが将来大きなタイトルを獲得するために、老婆心的に建設的な意見をしたつもりだった。

2010年の全豪オープンのマレーとの決勝戦前には、フェデラーはテニス界で（もしかしたらスポーツ界全体で見ても）最も上品なトラッシュ・トーカー（試合前に汚い言葉や挑発的な言葉で相手の心理面を揺さぶろうとする人）ではないかと言われた。彼は、マレーが「英国にとって15万年ぶりのグランドスラムシングルスタイトルに挑戦」することになる、という発言をしたが、それはもちろん冗談のつもりで言ったことだった。

掛け椅子に座ってテレビを眺め、本人たちのことを十分に知らずに意見を述べる「精神科医たち」がなんと言うかは知らないが、二人の関係は、礼儀正しいものだったし、いまでもそれは変わっていない。マレーはフェデラーのことを「最高の選手」と呼んでいるのに、折り合いが悪い関係であるわけがないだろう。フェデラーの元コーチのポール・アナコーンによると、「ロジャーは以前からアンディを尊敬していた。報道で書かれていることも読んだが、ピート・サンプラスが言う通り、『読むものは何も信じず、見るものは半分だけ信じるべきである』。もしかしたら、そのような記事にした方が、読者にとって面白いのかもしれない。また、選手間に敵意があった方が競争環境としてはいい、と思っている人もいるかもしれない。でも、私が見る限り、二人に不和があるとかそういうわけではないと思う。本当に」と言った。

フェデラーとナダルのテニスの質は、年月を経て高められていたため、コナーズとマッケンロー流に敵意を世間に知らしめライバル関係を盛り上げる必要は全くなかった。観衆は、テニスを見世物としてではなく、テニス選手としての活躍を彼らに求めているのである。ある年、ナダルがバーゼル大会に出場しており、フェデラーが故障のため欠場していたとき、フェデラーはライバルのホテルに現れ、ドアをノックして挨拶に行ったことがあったそうだ。フェデラーは、それがそのときすべきことだと感じたのでしたのだと言う。また、別の機会には、フェデラーはナダルをプライベートジェットに招いたことがある。ナダルは彼のことを「ロジャー」「ロヘリオ」「史上最高の選手」と呼んでおり、「彼は完璧な選手だ。完璧なサーブに完璧なボレー。そして完璧を超えるフォアハンドを持っている。バックハンドも完璧だ。コート上の動きも速い。すべてが完璧なんだ」と絶賛している。そのように自分のことを賛美するライバルとフェデラーがぎこちない関係であるわけがないだろう。

2009年の全豪オープン決勝戦でフェデラーが敗れ涙を流したとき、ナダルはフェデラーに腕を回し、慰めた。もちろん、二人の間で問題が皆無であったとは言わない。例えば、ローマのフォロ・イタリコでの決勝戦の際に、フェデラーがナダルの叔父、トニーの方を見て、違反行為である試合中の指導を行っているのではないかと疑いをかけたことがあった。彼は「トニー、大丈夫？ 何か問題でも？」と挑発的に言ったのだった。また、なるべく早く試合を進めたいフェデラーからすると、ナダルは時間をかけすぎるため、もう少し早くしてもらえたらありがたいと常々思っている。

何をかけて戦っているかを考慮すると、二人は異常に親しいとも言える。対立しているのは選手ではなく、一部のファンたちだ。両方のファンたちは騒々しく、痛烈なやりとりをすることがある。このような対立は、現代テニスでは最も種族的な部類に入る出来事だ。「フェデラーのファンであるということは、ナダルのアンチ・ファンである」とテニス史家のエリザベス・ウィルソンは書いた。「このスペイン人選手は、コートの上を雄牛のようにぶつかりまわり、筋肉質でたくましい尻をしたごろつきのようだ。フレディー・マーキュリーのように、ノースリーブのトップスを着て、ティム・ヘンマンの頭の大きさくらいある上腕二頭筋を見せびらかす。プレー中、彼はにらみ、唸り、不平を言い、顔をしかめている」

アンディ・ロディックは、開放的で対立することに対してなんの恐怖も抱いていない。ある夏、ニューヨークで彼はジョコビッチをロッカーに押しつけたことがあった。一方で、彼のテニスを破壊し続けるフェデラーのことは、好きにならずにはいられなかった。あるとき、アンディはロッカールームにいたフェデラーに近づきこう言ったのだった。「嫌いになれたらいいけど、あなたは優しすぎるんだ」と。

ロディックが引退した数年後、彼はフェデラーには裏表がないと言った。公的な人物が、評判や見た目と同じくらい素晴らしい人間であるかどうか疑問に思うこともあるが、フェデラーに関しては、「前評判通り、礼儀正しく感じのよい人物だ」と話した。表向きのロジャーと実際のロジャーという二人のロジャーはおらず、ロジャー・フェデラーは一人しかいないのだ。それを知っていたため、ロディックは、フェデラーの「拷問」に耐え抜くことができたのだ。

シーズン最終戦

9年で6つのタイトルを獲得

● ● ● ● ● ● ● ● ●
2003 2004 2005 2006 2007 2008 2009 2010 2011

2015年、フェデラーは14回目の大会出場が決まり、アンドレ・アガシの記録に並んだ。

● ● ● ● ● ● ● ● ● ● ● ● ● ●

フェデラーが出場したシーズン最終戦の勝率は81％。この勝率よりも高い勝率を保持しているのは、イリ・ナスターゼ（88％）のみ。

81％

フェデラーのその他成績

オリンピックメダル

2008

北京にて、ダブルス。スタン・ワウリンカとペアを組んだ。

2012

ロンドンにて、シングルス。アンディ・マレーに決勝で敗れた。

デビスカップ

2014

リールにて。初優勝。ワウリンカとペアを組み、決勝戦はフランスと戦った。

1999

デビスカップ初参戦。

80%

シングルス試合の約80%は勝利に終わっている。

◀ 2008年北京オリンピックにて、フェデラーが母国スイスの旗手を務める。

　ロディックの失敗は他の選手たちと同じものだった。イメージトレーニングの集中すべきポイントとして使用できるようなフェデラーの欠点を、一つとして見つけることができなかったのだ。

　ロンドンにて開催された2014年シーズン最終戦の準決勝で、ミルカ・フェデラーが夫の対戦相手スタン・ワウリンカに対し、不適切な言葉を浴びせたように見られたエピソードは、世間を賑わした。数日以内にフェデラーとワウリンカは仲直りし、フランスと対戦するデビスカップ決勝に向けて準備を開始し、グループ写真を撮った。その写真では、ワウリンカがフェデラーの後ろに立ち、ふざけて指で彼の頭に「うさぎの耳」をつけている。その写真を見ると、二人の間に緊迫感が残っているとは思えない。

　その週末は、彼ら二人のキャリアで最も充実した一つとなった。ATPワールドツアーは、ステファン・エドベリ・スポーツマンシップ賞を操作していないし、選手たちがフェデラーに投票するよう誰かが強制しているわけでもない。誰に投票するかは、選手たちの自由だ。にもかかわらず、フェデラーは繰り返し受賞している。「テニスは品格のある伝統的なスポーツであるため、それにふさわしい代表でありたいと思っている」と、元ATP選手会長であり、テニス親善大使でもあるフェデラーは言う。

　彼を知る者がその発言を聞くと、フェデラーがその場限りで心にもないことを言っているわけではないことを知っている。そのワウリンカ事件の数日前に、フェデラーは10回目のスポーツマンシップ賞を受賞したばかりだった。その授賞式では、エドベリ本人がコートに現れ賞を授与したため、フェデラーにとっては特別な瞬間となった。

　舞台裏のフェデラーは、いたずら好きであることで知られる。例えば、シンシナティの決勝戦で優勝した直後の記者会見の際に、大会スタッフの一人からトランシーバーを取り上げ、「鷲が巣から離れた（スパイ映画などでよく使われるフレーズ。「尾行中・観察中の重要人物が元々いた場所から移動した」という意味）」と放送したのだ。また、アジアのミニツアーに参戦していたピート・サンプラスも、フェデラーのふざけた側面を見ている。フェデラーはこっそりと近づき、人の耳に息を吹きかけて遊んでいた。

　アメリカのジャーナリスト、ジョン・ワーサイムによると、フェデラーはロッカールームのシャワーで歌っていた際に「まわりから静かにするようにと注意されると、シャワー室から出てきて、より大きな声で芝居がかったパヴァロティを披露した」らしい。彼の練習セッションで誰も見ていないときには（それは稀なことだが）、練習コート上で「お調子者」になることが好きなようだ。あるマスターズレベルの大会のロッカールームで、彼は約15分間のテニスボール合戦に参戦していたそうだ。目撃者によると、大会マスコットがタイミング悪くロッカールームに入ってきたため、集中砲火を浴びてしまったそうだ。

　ミルカも、たまにフェデラーのいたずらの被害者になることがある。ある夜、日本食レストランで食事をしていた際に、ミルカが目を離した隙に、彼女の皿に載っている刺身の裏側に危険な量のわさびを塗りたくったのだ。その裏切りを知らなかったミルカは、少し噛んで飲み込んでしまった。フェデラーは「彼女の鼻から火が出る」のをにこやかに笑いながら見ていたという。

9　赤い封筒

10
よき夫、よき父、そして億万長者

―THE ROCK,
THE PRAM AND
THE BILLIONAIRE-IN-WAITING

フェデラーは世界各地で行われる試合を家族と一緒に回っている。
それは妻の支えなくしては実現できないことだ。
家族の存在があるからこそ、彼はトップに居続けられるのだろう。
彼はいまや世界でも指折りの収入を誇るアスリートとなった。
その収入の一部をアフリカの子どもたちの支援に使っている。

「移動式サーカスだ」。フェデラーは、転戦のために年がら年中移動し続ける生活のことをこう表現した。1週間宿泊するホテルのスイートに到着してまずすることは、「子どもコーナー」を作ることである。ホテルからホテルへ移動し続ける生活は、フェデラーの子どもたち（一卵性双生児の姉妹ミラ・ローズとシャーリーン・リヴァ、二卵性双生児の兄弟レオとレニー）に混乱をきたす可能性があるため、どのホテルに泊まっても、部屋の一角を必ず同じにしているのだ。見慣れたおもちゃを置いておくと、慣れ親しんだ環境であると感じ、子どもたちも安心する。決められた時間に決められたことをさせ、生活をルーティン化することで、遊牧生活であっても落ち着いて暮らすことができているのだ。

　試合や練習、もしくはそれ以外の用事があり、フェデラーが子どもたちから離れているときも、彼は子どもたちがどこで何をしているか把握している。フェデラーが子どもたちと一緒にいるときは、自らの手で育てている。子どもたちが病気のときは、自らの体調管理を顧みずに、両手でしっかりと抱きしめる。「病気がうつったとしたら、それは運が悪かっただけのこと」。フェデラー曰く、彼の子どもたちは世界中で教育を受け、特定の場所ではなく、ツアーで育ったのだ。

　ある夏、全米オープンの準備を進めつつ、フェデラーは時間を作って家族のためにブロードウェイのショー「ネバーランド」に連れて行った。すると、フェデラー本人がそのパフォーマンスに感動して「泣きまくった」という。子どもたちに「どうしたの？」と聞かれると、笑いと涙の合間に「わからない」と答えるのが精一杯だった。

　家族とともに転戦することが可能だという自信がなかったら、彼はここまでテニスを楽しむことができなかっただろう。特に、2009年の夏に双子の娘たちが生まれ、さらに2014年の春に双子の息子たちが生まれてからは、状況によってはテニスを継続することを選んでいなかったかもしれない。フェデラーとミルカは、通常はプライベートジェットで移動し、教育係を雇うことができる。しかし、そのような贅沢ができるからと言って、ツアーの家庭生活が順風満帆に進むとは限らない。

　「その通りだ。ロジャーは通常自分のプライベートジェットで移動するが、そうで

▶ 2009年にミルカと結婚。バーゼルにて小規模な結婚式をした。

ない場合はファーストクラスを利用する。でも、子どもたちが時差や気候に慣れたりするのは大変だと思う」とボリス・ベッカーは彼らを慮る。しかし、フェデラー家は、どうにかうまくやっていく方法を見つけたみたいだ。そうすることにした大きな理由は、フェデラーが家族と一緒の時間を作ることで自分をリセットし、名声から来る目が回るような忙しさに繰り返し意味を見出すことができるからだ。これは、ツアー中でも、スイスかドバイの自宅でも、スイスの山岳地帯でハイキングしているときでも同じである。

　社交的で、人に囲まれていることを好む性質であることは、彼にとって間違いなくプラスに働いている。彼はほとんどの大会に家族を伴って出場している。しかし、ごくたまに、妻、子ども、友人を帯同しない一週間もある。そういうときには、「よかったら、立ち寄って」という言葉とともに、ホテルの部屋のスペアキーをチームメンバーに渡すのだそうだ。「ホテルや自宅を開放し、人を招くことが好きなんだ」とフェデラーはスポーツイラストレイテッド誌に話した。

　家事もフェデラーの一日の一部だ。例えば彼は、ウィンブルドンのセンターコートの試合と試合の合間に、トーナメントの期間中賃借している家の掃除の手伝いをす

る。「誰にとってもそうだと思うけど、生活していくためには必要なことだ」と彼は言う。あのフェデラーがカーペットに掃除機をかけたり、ゴミを出したりする姿は、一部の人たちからすると意外だったので一時期話題となった。なかには、史上最高のテニス選手がそのような些末なことに時間を費やさないでほしいという意見もあった。しかし、その雑用はフェデラーの試合のための準備やトレーニングの妨げにはなっておらず、彼が十分に休息を取れるようミルカが注意を払っている。アスリートには、睡眠が非常に重要である。フェデラーは飛び起きることができる程度ではなく、「自分の皮膚からも飛び出せそう」と感じるくらいの睡眠を取りたいのだと言う。

　子どもが生まれてからもこの移動式サーカスのような生活を可能とし、彼の才能を最大限いかすことができているのは、フェデラーが「コーナー席の岩（堅固な支え）」とも呼んでいる、ミルカのおかげだ。彼らが親になる前から、ミルカは一般的なテニス選手の配偶者よりも（彼女自身がプロのテニス選手であったこともあり）、フェデラーに大きな影響力を及ぼしていた。

　ミロスラヴァ・「ミルカ」・ヴァヴリネックは、1978年に当時チェコスロバキアと呼ばれていた国の現スロバキア側で生まれた。彼女はフェデラーより3つ年上だ。彼女がまだ幼児だった頃、社会主義から脱出するために、家族でスイスに移住した。両親は宝石店を営んでおり、彼女はバレリーナになりたいという夢があった。しかし、家族で同じチェコスロバキア出身移民のマルチナ・ナブラチロワの試合を観戦しにドイツのフィルダーシュタットに行ったことをきっかけに、彼女の夢が変わった。ミルカの家族はナブラチロワと会話する機会があり、ミルカにテニスをしてみてはどうかと勧められたのだった。その上、グランドスラム連続チャンピオンだった彼女は、ミルカの最初のテニスレッスンを手配してくれたのだった。

　始めてみるとすぐに、ミルカには才能があり、体格的にもテニスに向いているということがわかった。彼女自身もプロを目指すようになった。また、彼女にはプロを目指すためには必要な、強い決意（彼女自身はそれを頑固さと呼ぶが）も持ち合わせていた。その性格は、1990年に彼女がツアーのためにバスでクロアチアを訪れたときのエピソードで垣間見ることができる。会場までの道のりには、バルカン戦争で焼き尽くされた村や車の残骸がまだ残されていた。それはぞっとするような光景であり、足がすくむような体験だったが、大会に出場するためには必要なことだと彼女が覚悟していたことだった。

　フェデラーとミルカが交際するようになったのは、2000年のシドニーオリンピック中のことだ。期間中、フェデラーはよくミルカの近くをうろついており、彼女はそれを不思議に思っていた。それはフェデラーは「ガールフレンドを作るよりも、テニスを優先する」と断言していたためだった。しかし、オリンピックの最終日、彼はついに彼女にキスをした。

　当時ミルカは、全豪オープン前の準備として選手たちに活用されることの多い、オーストラリアのパースで開催されるホップマンカップでフェデラーに並んで出場し

◀ミルカによるフェデラーの成功への貢献は計り知れない。

10　よき夫、よき父、そして億万長者

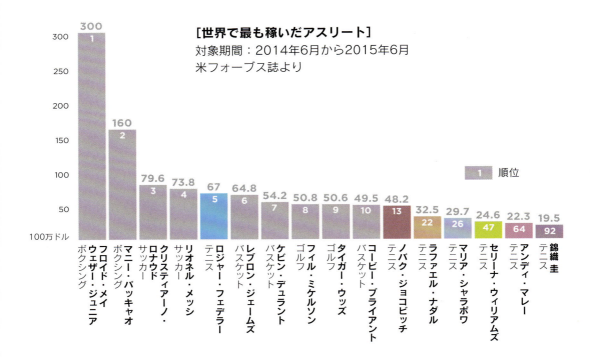

[世界で最も稼いだアスリート]
対象期間：2014年6月から2015年6月
米フォーブス誌より

　ていたが、彼女のキャリアが終わるのは、そのキスからわずか2年後のことだった。彼女の現役最後の試合は、2002年にブダペストで行われたクレーコートでのトーナメントだった。
　その大会に出場した彼女に支払われたのは150ドル。足の靭帯を痛め競技を続けることができず、ミルカは24歳で引退した。彼女の生涯獲得賞金は25万ドル強だった。世界ランキングの自己ベストは76位だったが、グランドスラムは3回戦まで出場した経験がある。2001年の全米オープンでグランドスラムに挑戦する機会があったが、3回戦でベルギーのジュスティーヌ・エナンに敗れたのだった。彼女は「自分はもっと多くの成功を収めることができたはずだ」と感じていた。彼女の言葉を借りると、引退したときの彼女は「絶望の穴に陥っていった」という。「自分が好きなことに人生を捧げてきたのに、突然辞めなければならなくなったのは、本当に辛いことだった」とミルカは思い出す。そんな彼女を穴から救い出したのがフェデラーだった。

▶ 大会優勝後にフェデラーが家族に声をかけに行く光景。

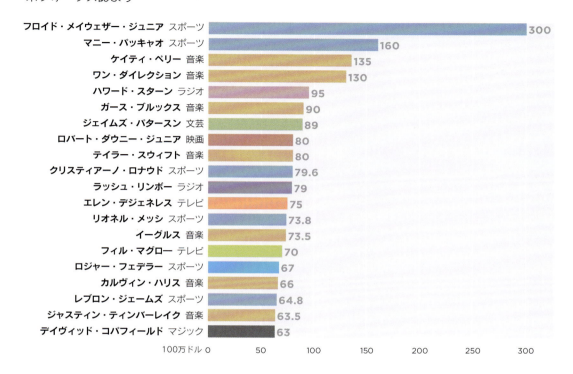

[2015年　最も稼いだセレブ トップ20]
米フォーブス誌より

▶次頁：ロンドンのシーズン最終戦の開幕パーティーにて。

　ミルカはスイスのジャーナリスト、ルネ・シュタウファーにこう話したことがあった。「その当時、ロジャーが私の最大の心の支えだったわ。彼が私に再びテニス人生を手に入れさせてくれたの。彼が勝つと、自分が勝ったみたいに嬉しいの」。ミルカの人生は急展開した。彼女が引退して１年強でボーイフレンドがウィンブルドンチャンピオンになった。そしてしばらくすると、彼は全世界のテニスを支配していた。

　自分自身がコートに立ち参加せずとも、スタジアムのコート脇からでもテニスという競技に影響力を持つことができるということを、その後彼女は知ることとなった。フェデラーは、戦略やテクニックに関するミルカのアドバイスに耳を傾けることが多い。子どもが生まれる前には、彼女が練習パートナーを務めることもあった。彼女がその役目を務めたのは、対戦相手以外は皆既に会場を後にしている、決勝戦の朝が多かった。試合前のウォームアップとして、ミルカは付き合うのだった。一時期、ミルカが練習セッションにも試合にも同行しており、二人は毎食を共にしていたこともあった。「世界で私以外、これほどテニス漬けの日々に耐えられる女性はいない」と彼女は言った。

10　よき夫、よき父、そして億万長者

ミルカの役目は、彼の試合前準備の相手をすることだけに限られてはいなかった。フェデラーはエージェントも、マネージャーも、スケジュールを管理する秘書も起用していなかった時期があったため、その間はミルカがメディア出演の日程調整や旅程の手配、その他雑務をこなしていた。マネージメント会社を起用してからも、彼はミルカを、例えば全米オープンの入場音楽を決めるところまで、すべてに関与させた。フェデラーにとって彼女の存在がいかに大きいかは人に気付かれないはずがなく、モナコのクレーコートトーナメントでは、ファンたちが「ミルカがボス」と冗談で書いたTシャツを着て現れたこともあった。

　もし、"廊下の乳母車は上質な芸術の敵である"（子どもが生まれると、創造性・芸術性に支障が出る、という意味の慣用句）というならば、ホテルロビーのベビーカーは、テニスの野望を成し遂げる妨げになる、ということになるだろう。サンプラス、イワン・レンドル、ジョン・マッケンロー、ステファン・エドベリは、父親になってからは4大大会で優勝していない。しかし、フェデラーにとって、家庭生活が能力の妨げとなったことは全くというほどない。むしろ、家族が彼に活力を与えているようだ。ミルカのお腹の中にいるのが双子だということが超音波検査で判明した日、フェデラーは背中に翼が生えたような気持ちになり、2009年の全豪オープンの準々決勝で、フアン・マルティン・デル・ポトロに3ゲームしか許さず、圧勝したのだった。

　その年のイースター休暇中の土曜日に、ロジャーとミルカはバーゼルの登記所にてささやかな結婚式をし、フェデラー夫妻となった。「それは、とても特別な瞬間だった。長いこと付き合っていたので、式も落ち着いたものになると思っていた。また、結婚したら、いろいろな変化があると思っていた。でも、考え方や生活は結婚しても変わらなかったし、式当日は思いのほかとても感情的になったんだ。彼女が私を心から愛していて、私が彼女を心から愛しているということを再確認することができ、とても幸せな瞬間だった」

　新婚旅行はもう少し良いものにできたはずだ。フェデラーは、モンテ・カルロ・カントリー・クラブのクレーコートトーナメントに出場したが、早々にスタン・ワウリンカ相手に敗退してしまった。しかし、その数カ月後、フェデラーは自身のキャリアで最も大事な二つの勝利を挙げた。全仏オープンとウィンブルドンの2冠達成だった。ウィンブルドンでの勝利は、15回目のグランドスラム優勝でもあり、それを達成した瞬間、フェデラーはテニス史上最も成功を収めた男となったのだった。そのわずか数日後、双子の娘が生まれた。ロジャーとミルカはその日のことを「人生で最高の日」と喜んだ。

　赤ん坊二人を連れて世界中を旅することは大変だった。特に、ベビーカーやおむつ、その他いままでは必要のなかった子ども用の荷物をどこにでも持ち歩く必要があった。また、フェデラーは、日中ミルカを手伝うために、練習は早朝にしなければならないのではないかと心配していた。しかし、その心配は無用だった。早朝練習などなかった。というのも、そのような時間に付き合ってくれる練習相手などいなかったからだ。

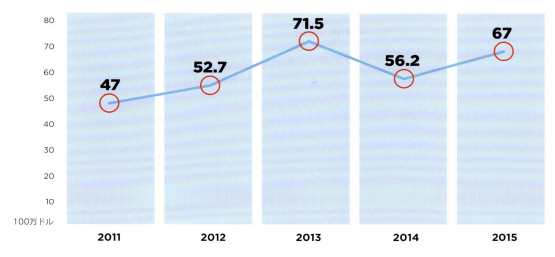

[近年のフェデラーの収入]
米フォーブス誌より

　子どもが生まれたことで出てきた課題はあったが、どれも乗り越えられないものではなかった。
　父になって半年後、2010年全豪オープンでまたグランドスラムタイトルを獲得した。さらに、2回目のグランドスラムタイトルを獲得したのは、2012年のウィンブルドン選手権だった。
　フェデラー家は遺伝的に双子が多い。フェデラーの姉ダイアナのところも双子だ。レオとレニーが生まれると、ある英国の賭け屋がオッズ1万対1で、将来いつかフェデラー家だけでウィンブルドン決勝のミックスダブルスの対戦があるかどうかという賭けを始めたそうだ。息子二人の誕生は、フェデラーに大きな力をもたらした。彼は2014年のウィンブルドン決勝戦まで進み、世界ランキング1位の座を脅かした。彼は父親兼テニス選手の役目を完璧にこなしていたため、ノバク・ジョコビッチは妻が妊娠していることを知ったとき、どうやったらうまくやっていけるか、彼にアドバイスを求めたのだった。
　フェデラーが戦い続けるモチベーションにしているのは、「父親が現役としてプレーしている姿を覚えているくらい子どもたちが大きくなるまでプレーし続けたい」という気持ちだった。2015年のウィンブルドン選手権は、まさにそうだ。決勝まで進んだその大会は、フェデラーの娘たちの6歳の誕生日目前だった。仕方がないことかもしれないが、彼女たちは目の前で父親が出場していることの重大さがわかっておらず、まだ練習セッションと試合の違いもいまいちわかっていないそうだ。観戦する彼女た

フェデラーはもうすぐビリオネアになるだろう。その収入源は、賞金とスポンサー契約、エキシビション・トーナメントの出場料によるものである。彼はいま、世界で5番目に収入が高いアスリートだそうだ

ちの頭には、パパに勝ってほしいということと、日焼けしないように注意しないといけない、という思いくらいだそうだ。

　その夏、猛暑の中でシンシナティ大会で優勝したフェデラーは、表彰式の前に家族を抱きしめるためにスタンドに近づいていった。すると子どもたちは、野球帽を彼の頭にかぶせ、「パパ、帽子をかぶらないとダメだよ」と注意したのだった。

■

　ロジャー・フェデラーは、間もなくビリオネア（個人資産10億ドル）になるかもしれないが、それはテニス史上初というわけではない。その記録は、全仏オープンで準々決勝まで進んだ、ルーマニア人のイオン・ティリアックが保持している。彼はその後コーチとして、イリ・ナスターゼ、ボリス・ベッカー、ゴラン・イワニセビッチなどのキャリアに影響を与えた。彼は銀行と航空会社を経営していたこともあり、2015年に米フォーブス誌の世界長者番付に復活した。フェデラーが、優勝したサーフェス一覧に青いクレーと書くことができるのはティリアックのおかげだ。

　この事業家は、マドリッドで行われる大会のオーナーでもある。その大会で使用するコートを通常と異なる色にすれば、人目を引き、よりメディアに取り上げられるのではないかと思い、青色にしたのだった。彼の思惑は外れはしなかったが、コートの質について多くの批判が殺到したため、ATPワールドツアー側から、従来のテラコッタに戻すよう指導されたのだった。全仏オープン中はフィリップ・シャトリエ・コートのプレジデント・ボックス席が彼の定位置であり、いまでもテニス界で存在感を放っている。ティリアックの財力の源泉は主に、テニス引退後に共産主義から民主主義に移行した母国ルーマニアで起こした事業である。ティリアックが初のビリオネアかもしれないが、フェデラーはテニス史上初めて、主にラケットを振り回すだけでビリオネアになるかもしれない。

　本書の執筆時点では、フェデラーの生涯獲得賞金は1億ドルの大台の一歩手前まで来ている。賞金は彼の収入のごく一部でしかない。フォーブス誌によると、フェデラーは、世界で5番目に収入が高いアスリートだそうだ。2014年6月から2015年5月までの12カ月間の収入は、6700万ドルだった。その金額は、ボクシングのフロイド・メイウェザー（3億ドル）、マニー・パッキャオ（1.6億ドル）、サッカーのクリスティアーノ・ロナウド（7960万ドル）、リオネル・メッシ（7380万ドル）に次ぐレベルである。

　とは言え、フェデラーにとっては最も収入が高かった12カ月ではなかった。最も高かったのは、2012年6月から2013年5月の7150万ドルだった。その数字が通常より

も大きかったのは、オフシーズンに行われた南アフリカの3都市で開催されたエキシビションツアーに出場したからだった。6日間かけて行われる大会への出場料として、1400万ドルが支払われたと見られている。

　2015年の収入6700万ドルの内訳を見てみると、900万ドルは賞金、5800万ドルはスポンサー契約とエキシビション・トーナメント出場料である。世界のアスリートの収入内訳と比較すると、スポンサーシップと出場・出演料でフェデラーを超える者はいない。テニス選手について言えば、有名な選手であれば賞金よりもスポンサー料で稼ぐというのは事実である。しかし、ここまでの金額になるのは、史上初のことである。このランキングが発表されたとき、フェデラーはグランドスラムを過去3年間優勝していなかった。にもかかわらず、彼の市場価値は自己ベストを記録していたのだった。ノバク・ジョコビッチが世界ランキング1位のときの収入は合計4820万ドルで、そのうち1720万ドルが賞金、3100万ドルがスポンサー契約からであった。

　ジョコビッチはコート上では成功を収めているが、コート外ではフェデラーに太刀打ちできない。特に高級品関連では、フェデラーはシャンパン製造会社、スイスの腕時計メーカー、そしてプライベート航空機運航業者などと組んでいる。彼がモエ・エ・シャンドンの親善大使となった際には、「スカーレット・ヨハンセンの足跡を追え、艶やかな伝統の一部になれたようで光栄だ」と語った。一時期のように、テニスコート上で支配的でなくなったとしても、彼はスポンサー契約を維持できるようである。フォーブス誌のシニア・エディターのカート・バーデンハウゼンは言う。「ロジャーには、なんとも言えない長老のような魅力があるのだ」と。

　直感とは逆かもしれないが、若い頃に「お金を追いかけない」と決めたことが逆に功をなして、後年彼は富を築くことができた。富を手に入れたいと野望を抱くティーンエイジャーは多いだろう。しかし、フェデラーはそのような青年ではなかった。だからこそ、母親のリネットが地元新聞の息子のインタビュー記事を読んで、ひどく驚いたのだった。「最初の賞金で何を買いたいか」と聞かれると、まだ運転免許も持っていない若いテニスプレーヤーは「メルセデス」と答えたのだそうだ。リネットは、自分の息子が本当にそのような返答をしたことが信じられず、ジャーナリストにインタビュー録音を聞かせてもらえないかと問い合わせた。彼女が聞くと、ロジャーの答えは、「Mehr CDs」。メルセデスではなく、メアCDs（もう少し音楽CDを買いたい）だった。

　フェデラーが成功を収めていくにつれ、様々な会社からスポンサーシップのオファーが来た。「アスリートは実績だけでなく、スポンサーの質やレベルでも判断される」が持論の彼は、「数を増やすためだけに契約はしない」と決めていた。彼にとってはそれよりも練習し、テニスをする時間の方がよほど大事であり、常に他のことを考える必要がない、「自由な頭」でいたいと思っていた。

　そのときのフェデラーは、テニス選手という職業は、一生懸命トレーニングをして、センターコートで観衆の応援を背に試合をし、ときにはインタビューを受け、稀にテ

レビやイベントなどに出演するものだと思っていた。彼はテニス選手による事業という側面は、あまり関知していなかったのだ。

全盛期の一部の期間、ミルカがマネージャーの役割を果たしていたことがあった。また、彼は両親や弁護士にも、商業的な決断をする際に相談していた。旅行で子どもの頃に南アフリカのサファリなどにも行っていたフェデラーは、助言する側近たちのことを「かばカンパニー」と呼んでいた。両親は、彼のサインを欲しがるファンからのファンレターに返事をするという重要な役割を担っていた。何年かの間、ファンがロバートかリネット・フェデラーの自宅住所宛に手紙を書くか、ウェブサイトを通じてお願いすると、1カ月以内にサインされた写真が送られてきたのだった。

「ロジャーのキャリアが全盛期に突入した2003年に、それまで契約していたインターナショナル・マネージメント・グループ（IMG）との契約が満了を迎えた」とフェデラー陣営に近い人が教えてくれた。

「2004年から2005年の秋までは、マネージメント事務所と契約しなかった。しかし、その後再度IMGと契約した。事務所と契約していなかった期間は、家族を中心とした側近たちがマネージメント業務をこなしていた。いま振り返ってみると、それは幸いなことだった。ツアーを支配し始めた頃、まだほとんどスポンサー契約を交わしていなかった。彼も両親もパートナー選びには慎重で、質の良い数社だけとしか契約しないという方針だったからだ。IMGに戻ったときには、彼の市場価値と評価は高く、あまり契約も結んでいなかったため、フェデラーのお眼鏡に適うスポンサーを選ぶことも、多額の契約を交わすことも簡単なことだった」

IMGに戻ると、フェデラーの代理人はトニー・ゴッドシックが務めることになった。彼の妻は、グランドスラム決勝進出実績もある、メアリー・ジョー・フェルナンデスだった。ゴッドシックは、モニカ・セレスを顧客に抱える名の知れた代理人だった。フェデラーはゴッドシックとその家族と非常に親しい仲になり、ゴッドシックの息子ニコラスのテニスの試合前には電話をし、アドバイスをするくらいの仲だという。ゴッドシック自身も息子にこうアドバイスをしたらしい。「フェデラーから試合前に応援の電話をもらったなんて、絶対に絶対に、誰にも言うんじゃない。誰も信じないからな」と。

2013年にフェデラーとゴッドシックのIMGとの契約がそれぞれ満了を迎えたとき、彼らはアメリカの資産家でありビリオネアでもあるダーク・エドワード・ジフらから資金援助を受け、Team 8というマネージメント事務所を立ち上げた。その小規模な事務所は、フェデラーの代理人を務めるだけでなく、テニス選手のグリゴール・ディミトロフやフアン・マルティン・デル・ポトロなど複数のアスリートのマネージメントも請け負っている。フェデラーが現役で居続ける限りは、その会社のクライアントであり続けることになる。そして、現役を退いたときに、その事業への関与を深めるかどうか考える機会が訪れるだろう。

ゴッドシックはフェデラーに言う。「考えてみてほしい。いまはテニスコートで大

世界の様々な国でマーケティングや広告によってフェデラーというブランドが築かれていく。彼との契約は10年もの長期にわたるが、彼のイメージを考えるとそれは決してリスクとはならないだろう

きな成功を収めているけど、きっと引退してからの方がより大きな成功を収めることができると思う」

彼の子どもの頃の慎重な性格はいまでも変わっていない。「ロジャーは、自分が興味のあるブランドとしか一緒に仕事をしないことに決めている」とスイスのテニス界の要人は言う。自分自身に似合うかどうか、また、世界における彼のポジションに適切かどうかという視点から、吟味するのだ。

例えば、モエ・エ・シャンドンが話を持ちかけて来た際にも、検討のためにしばらくの時間を要した。いま振り返ってみると、なんでそんなに時間がかかったのだろうと自分でも思ったらしい。

検討する上で、もう一つ重要な点は、そのスポンサーのためにどれくらいの日数を割く必要があるか、また、すでに多忙な彼のスケジュールにそれを許容する余地があるかどうか、という点である。しかし、一旦やると決め、パートナーと契約すると、自ら考えアイディアを出すことも含め、成功させるための努力を惜しまない。フェデラーは、パートナーがそのコラボレーションからなんらかの利益や効果を得ることができるように自分が十分な役目を果たせているかを非常に気にする。決勝戦終了後に対戦相手と審判と握手をした後、ロレックスの時計をつけるのはそのためである。

選手がスポンサー契約を結ぶメリットは、スポンサー契約料が支払われること以外に、プレーしない市場における露出が増えるということも挙げられる。公式トーナメントのスケジュールは毎年ほぼ変わらないため、フェデラーは毎年同じ都市、同じ市場でプレーすることになる。出場料が一晩100万ドルを超えるとも言われている、インドのインターナショナル・プレミア・テニス・リーグなど、エキシビションに出場することはあるかもしれないが、時間の制約により、出場する試合は限られてくるのだ。

その一方で、世界の様々な国で、彼のパートナーたちの力、すなわちマーケティングや広告により、フェデラーというブランドが築き上げられていく。もちろん、彼のブランド力を高めるのは、テレビで放映される生中継であることに変わりはない。フェデラーの契約のほとんどは長期のものであり、ものによっては10年に及ぶものもある。それは、企業側にとってはリスクが高いと見えるかもしれない。特にいまは、バーデンハウゼンの言葉を借りると、「アスリートがタブロイドや警察の事件簿などに取り上げられ、スポンサーを困らせる」時代だとも言えるからだ。しかし、フェデラーのどこにリスクがあるというのか。彼の生活にはスキャンダルは見当たらない。

「フェデラーと彼の陣営は、コート外での収入を最大化するために、適切な方法を取ってきた。その方法は、過去10年でさほど変わっていないようだ。彼らは基本的に、フェデラーの世界的な人気から効果を得られるような世界的なブランドと長期契約を結ぶことに集中してきた」

▶次頁:現在30代のフェデラーは、これまでと変わらずテニスを楽しんでいる。

10　よき夫、よき父、そして億万長者

バーデンハウゼンは言う。「企業側から見るとフェデラーは、全世界的に親しまれているスポーツで活躍し成功を収めていて、魅力的で、安定的で、落ち着きのある選手であり、ファンたちの人口統計学上の属性もニーズに合致した、願ったり叶ったりの広告塔なのだ。フェデラー陣営はいまのところ、全く誤った決断はしていない。何も思い当たらない」

フェデラーの国籍が、彼の商業的な成功の鍵だという人もいる。ゴッドシックはその一人だ。「大企業にとってここまで高い需要があるのは、彼がスイス人だからだ。スイスは、忠義、高級品、精密性、完璧性というイメージのある小国である。だから彼は、フランス、アジア、アメリカ、どこにいようと、まるで母国にいるかのように温かく迎え入れられている。母国の中立性によって、彼が世界市民になっているかのようである」

しかし、彼の人気の秘密の最も大きな要素は、国籍ではなく、生まれ育った都市という可能性はないだろうか。空港がフランスとの国境をまたいでいるバーゼルのような都市で生まれ育つと、国際的なものの見方を身につけずにはいられないだろう。フェデラーの両親が言うように、バーゼル市民にとって、朝食をスイスで取り、ゴルフをドイツでして、昼食をフランスでいただくなんてことはざらで、どうってことないのだ。国境は、大した意味を持たない。

また、ロバートとリネットが彼の名前をRogerにした一つの理由は、それが英語で発音しやすいからである。ゴッドシックのような見方もある一方で、バーデンハウゼンによると、彼のパスポートはさほど大きな要因ではないらしい。「スイス人であるということが、彼の国際的な人気に拍車をかけたかどうかは不明だが、複数の言語を流暢に話すことができるので、他の選手にはないような機会が転がり込んできたという可能性はある」

フェデラーほど取材されているスポーツ選手はいないだろう。4カ国語（英語、ドイツ語、スイスドイツ語、フランス語）を喋れるということは、試合後の取材スケジュールは、定期戦だと1時間かそれ以上で、大会優勝だと3、4時間ということになる。英語での一般的なニュース用記者会見以外に、スイスのメディアとの個別の取材がある。それ以外にも、テレビとラジオのインタビューも受ける。ゴッドシックが、ロジャーはイタリア語が話せなくてよかった、と冗談で言うことにも納得できる。

いろいろな見方はあるが、やはりどの国のパスポートを持っているかは重要なのではないだろうか。テニス業界のある要人は言う。「もしフェデラーが他の国のパスポートを持っていたら、彼はいまよりも相当金持ちになっていただろう。年間収入の2倍か3倍はもらえていたかもしれない。もし彼がアメリカ人だったら、すでにビリオネアになっていただろうね」と。

2003年に設立されたロジャー・フェデラー基金は、100万人の子どもたちの人生をよりよいものにすることを目指し設立された。本書執筆の時点では、南アフリカ、ザンビア、マラウイ、ボツワナ、ナミビア、ジンバブエ、そしてスイスの子どもたちの

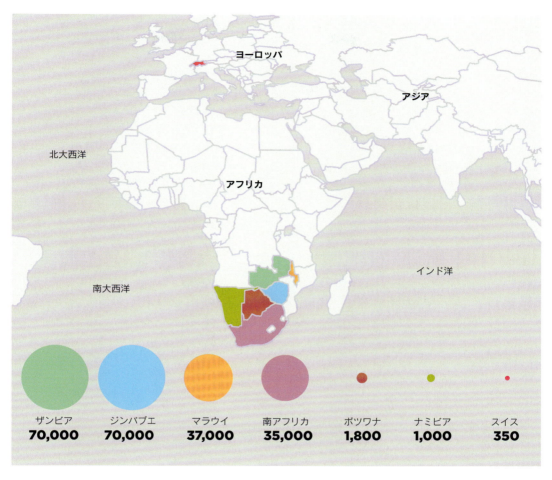

［ロジャー・フェデラー基金から支援を受けている子どもたちの人数］

　支援で、目標の約４分の１を達成している。フェデラーのスポンサーの一社であるクレディ・スイスが彼と契約した際に、基金に毎年100万ドルを10年間拠出することに同意した。
　フェデラーがアフリカに注力しようと考えたのは、彼のルーツにあった。母親の母国であり、両親が出会ったのも、家族旅行の目的地として何度も訪れたのも南アフリカだったからである。フェデラー本人も南アフリカのパスポートを持っている。「ロジャーは基金に深く関与している。基金のために使う時間も多いし、思い入れも強い

わ」と基金の主要執行理事のジャニーヌ・ヘンデルが証言する。

「子どもたちを助けたいという気持ちは彼の人格と個性の一部なの。イメージ管理のためにすることではないから、説得力がある。子どもの頃の旅行で南アフリカを訪れ、貧困を目の当たりにしたとき、皆が彼のような恵まれた環境で生まれ育つわけではないことに気付いた。彼の信条は、すべては子どもたちのため。その子どもたちの人生を少しでも改善したい一心でやっている。それがこの基金の存在意義だわ」

フェデラーはすべての理事会に出席しており、彼の承認がなければ、戦略的な決定はなされないことになっている。彼が基金のために使う時間の中で最も重要なのは、彼自身がアフリカに足を運び、寄付金の用途を確認する時間だ。2015年ウィンブルドン選手権決勝戦でノバク・ジョコビッチに負けたわずか数日後に敢行されたマラウィへの視察の際には、現地の状況を見て、彼はひどく感傷的になったそうだ。その一方で、元気をもらえたとも言う。「素晴らしい子どもたちと一緒に過ごすことができてありがたく思う」とフェデラーは語った。

子どもたちを笑わせるために、フェデラーは上向きの鼻ひげであるかのようにバナナを鼻の下に挟んだ。その次に、バナナを下向きにして、悲しい顔を作ってみせた。子どもたちは何度もクスクスと笑った。

「視察に行っているときのロジャーは、居心地がよさそうで、活力がみなぎっていて子どもたちと本当に楽しそうにしているわ。私たちからすると、おかしな気もするけど、子どもたちはロジャー・フェデラーが誰だか知らないのよ。子どもたちからしてみると、ラケットを手に持って、かっこいい動きをするだけでお金がもらえるなんて想像できないことかもしれない」とヘンデルは言うのだった。

エピローグ
—EPILOGUE

ATP世界ツアーに参戦し始めて間もなく20年となるロジャー・フェデラーだが、キャリア最高のショットはまだこれからだ、ということはあり得るだろうか。最高のショットはまばゆい光とともに見る者の目に飛び込んでくるが、当の本人はそれがどれくらい素晴らしいものか、ただちには認識できないものなのかもしれない。

フェデラーのテニス人生で最高のショットや歴史的重要なショットが、これから先に来るかもしれないと考える人は少ないだろう。それは、あの2009年全仏オープンを勝ち進み、生涯グランドスラム達成を可能とした、4回戦のトミー・ハースとの対戦でフェデラーが打った、インサイド・アウトのフォアハンドが誰の頭の中にも浮かぶからだ。一つのショットの重要性という観点から、フェデラーのストリングスから打ち出されたあのショット以上に重要なショットはありえないだろう。

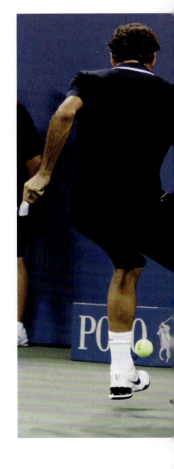

また、彼の最も大胆なショットは、2008年ウィンブルドン決勝戦でラファエル・ナダルのマッチポイントを防ぎ、審判にも「なんてこった！」と思わせたバックハンドパスショットだろう。今後、2009年の全米オープン準決勝でノバク・ジョコビッチ相手に打ったツイーナー以上にありえないショットでマッチポイントにこぎ着けることはあるだろうか。おそらくないだろう。2015年シンシナティ決勝で用いて、ノバク・ジョコビッチを破り、その夏の全米オープンへの躍進を可能とした"SABR"の開発以上に革新的なことを、今後しでかす可能性はあるだろうか。ないかもしれない。持ち前の度胸と創造力を駆使して歴史に残るようなことを達成することだけがフェデラーの良さではない。

ときとして、（歴史的に重要なタイミングではなく、度胸やリスクを取ることを必要としない瞬間であることが多いが）フェデラーの真髄が現れるような瞬間がある。なんてことないときに、突如としてフェデラーはさりげなく妙技を繰り出すことがある。それは、観客にとっては完全なる奇跡である。このようなショットが、アメリカの作家デヴィッド・フォスター・ウォレスが「フェデラー的瞬間」と呼ぶような、「テレビで見ていると自然と口はあんぐり開き、目は丸く見開かれ、他の部屋にいた妻が私の様子を見に来るくらい不可思議な声を出してしまう」ような瞬間である。

フェデラーのファンは、彼が新たな功績を達成することと同じくらい、このような瞬間を待ちわびているのだ。これらは、妙技の中の妙技であり、テニスは選手と観客に楽しさと喜びをもたらすものであることを私たちに思い出させてくれるものでも

▲ 全米オープンでツイーナーを披露し、観客を沸き立たせるフェデラー。

　ある。フェデラーのサポーターたちが、このスイス人テニス選手の人生に多くの時間と労力とお金をかけるだけの意味を見出せる理由はここにある。彼らはフェデラーの天才的なものすべてを、そのワンショットに見出し、それを捉え、脳裏に刻み込もうとする。彼らは、フェデラーの魅力や燦然(さんぜん)たる才能を、数百分の1秒のスイング1回に見出し、捉えようとしているのである。同じ素晴らしいショットであっても、それら二つのショットに注ぎ込まれている才能と魅力が全く同じということはありえないのだ。

　フェデラーのテニス人生最高のショットはどれだろう。その答えはフェデラーが決めることではない。数百万人のファンが、それぞれの答えを持っており、フェデラーのことを思いながら彼らが決めることである。

参考文献

[新聞、雑誌、ウェブサイト]

ESPN

フォーブス

ガーディアン

インデペンデント

レキップ

デイリー・メール

ニューヨーク・タイムズ

ニューヨーカー

オブザーバー

スポーツ・イラストレイテッド

ターゲス・アンツァイガー

テレグラフ

タイムズ

ウォール・ストリート・ジャーナル

［書籍］

アンドレ・アガシ（著），川口由起子（訳），『OPEN―アンドレ・アガシの自叙伝―』，ベースボールマガジン社，2012.
ラファエル・ナダル，ジョン・カーリン（著），渡邊玲子（訳），『ラファエル・ナダル 自伝』，実業之日本社，2011.

Becker, Boris – *Boris Becker's Wimbledon*, Blink, 2015.
Bowers, Chris – *Federer: The Biography*, John Blake Publishing, 2013.
Murray, Andy – *Andy Murray: Seventy-Seven: My Road to Wimbledon Glory*, Headline, 2013.
Skidelsky, William – *Federer and Me: A Story of Obsession*, Yellow Jersey, 2015.
Stauffer, Rene – *The Roger Federer Story: Quest for Perfection*, New Chapter Press, U.S., 2004.
Wertheim, L. Jon – *Strokes of Genius: Federer v Nadal, Rivals in Greatness*, J.R. Books, 2009.

謝辞

まずはじめに、メルボルン、マイアミ、パリ、そして電話で多くの時間を割いていただいたロジャー・フェデラーに感謝いたします。彼の話が本書に深みを与えてくれました。本書では、インタビューで聴取した彼の発言を多用しています。また、彼のまわりの方々のお話を伺う機会もいただきました。彼の両親リネットとロバート、歴代のコーチたち、ステファン・エドベリ、ポール・アナコン、マデリーン・バーロッチャ、セップリ・カコフスキー、ホセ・イゲラス、フィットネストレーナーであるピエール・パガニーニ、首席ストリンガーであるネイト・ファーガソン、またピート・サンプラス、ティム・ヘンマン、ダレン・ケーヒルら友人たち、多くの方々にご協力いただきました。海の向こうのオーストラリアにいる、いまは亡きピーター・カーターのお父様ボブ・カーターとの長距離電話も含め、皆さんとの会話は、私がフェデラーのテニス人生につき考えをまとめ、執筆するにあたり、非常に貴重な情報源となりました。

あるローマでの午後、ノバク・ジョコビッチがフェデラーとの対戦をどう見るか、またそのスイス人対戦相手とどのような関係かということにつき、考えを説明してくれました。ロンドンでは、フェデラーの子どもの頃からの憧れであり、現在ノバク・ジョコビッチのコーチを務める、ボリス・ベッカーにも話を伺う機会がありました。また、ラファエル・ナダル、アンディ・マレー、アンディ・ロディック、ミロシュ・ラオニッチ、リシャール・ガスケ、タナシ・コキナキスらフェデラーのライバルの選手にも、インタビューさせていただき、おかげでフェデラーの理解を深めることができました。

コーチであり、解説者でもある、クレイグ・オシャネシーはフェデラーと同じコートに立ったことはないはずですが、それでも彼のコートサイドからのフェデラーの試合の分析は類を見ないほど素晴らしいものでした。また、順不同に次の方々にも感謝申し上げます。

ロッド・レーバー、クリス・エバート、トニー・ナダル、マッツ・ビランデル、ジョン・マッケンロー、ビョルン・ボルグ、ニック・ボロテリー、ゴラン・イワニセビッチ、カート・バーデンハウゼン、ジョン・ヤンデル、デビッド・ベイリー、ジェームズ・バデル、レオ・シュリンク、ヴィンセント・コグネット、リンダ・ピアース、テレジア・フィッシュバッハ、リト・シュミードリ、ルネ・シュタウファー、(間違いなく、最も忠実なフェデラーファンの)コリーン・テイラー、ダミアン・サンダー、ニコラ・アルツァーニ、サイモン・ヒグソン、レオ・スポール、マット・ウィリアンスキー、ジョニー・パーキンス、アレクサンドラ・ウィリス、マイケル・チャン、シヴォーン・ニコルソン、ジェイミー・レントン、グレッグ・シャーコ、マルティナ・ヒンギス。

また、フェデラーの長年にわたるグランドスラムの試合データの使用許可をくださったIBMとオール・イングランド・クラブにも心より感謝いたします。さらにATPワールドツアーにおけるフェデラーの統計情報も活用させていただきました。それらのデータを用いた私の分析を、美しいインフォグラフィクスにて表現してくださったデザイナーのニック・クラークの創造力とビジョンがなければ、この本は全く違う本になっていたでしょう。

そして、フェデラーに関するこのようなビジュアル伝記を書くということを起案したオーラム社の編集者であるルーシー・ワーバートンには、感謝してもしきれません。彼女は、このプロジェクトが完成するまで、私に方向性を示し、必要なときには激励してくれました。また、彼女以外のオーラム社のメンバー、コピーエディターのマルティン・スミス、そして私の代理人であるデイヴィッド・ラクストン・アソシエイツのデイヴィッド・ラクストンとレベッカ・ウィンフィールドにも心より感謝いたします。

索引

赤い封筒
214, 216, 217

アーサー・アッシュ
84, 85

アナ・ウィンター
225, 226

アメリ・モレスモ　20

アルノー・ディ・パスカル
178

アレハンドロ・ファジャ
105

アンディ・マレー
13, 20–22, 29, 33, 41, 51, 69, 76, 79, 80, 83, 94, 97, 99-102, 106, 108, 109, 114, 117, 122, 124, 125, 140, 147, 175–179, 198, 200, 201, 205, 210, 216, 218, 229, 232, 235, 244

アンディ・ロディック
43, 66, 68, 80, 83, 96, 105, 117, 122, 139, 140, 145, 147, 148, 170, 174, 177, 179, 203, 222, 233, 237

アンドレ・アガシ
18, 29, 53, 61, 76, 80, 83, 115, 117, 127, 130, 136, 141, 145, 147, 156, 163, 164, 166, 171, 175, 191, 192, 201, 218, 229, 234

イオン・ティリアック
250

イボ・カロビッチ　43

イリ・ナスターゼ
146, 234, 250

イワン・リュビチッチ
90, 211

イワン・レンドル
29, 43, 53, 80, 83, 115, 117, 122, 124, 149, 165, 167, 171, 182, 191, 198, 200, 222, 248

ウィリアム・レンショー
129

ウェイン・フェレイラ
64, 99, 165

ウサイン・ボルト　175

エース
30, 36, 37, 43, 80, 206

エフゲニー・カフェルニコフ　218

ATPワールドツアー
18, 53, 63, 65, 188, 237, 250

オリンピック

2000　178, 243

2004　178

2008
178, 235, 237

2012
97, 105, 108, 109, 178, 235

カーブボール　27

ギョーム・ラオー
53, 223

ギリェルモ・ビラス
167

グリゴール・ディミトロフ
134, 252

クリス・エバート
219, 225

クリスティアーノ・ロナウド
244, 245, 250

クレイグ・オシャネシー
20, 26, 27, 30, 61, 75

ケビン・デュラント
244

ケン・ローズウォール
146

コービー・ブライアント
244

ゴラン・イワニセビッチ
29, 43, 66, 80, 83, 250

サーブ・アンド・ボレー
48, 136, 182, 183, 186, 192, 193, 197, 199

サービスパターン
22

サミュエル・グロス
30, 33

サム・クエリー　228

サンドン・ストール　64

ジェームズ・ブレーク
178

ジミー・コナーズ
29, 66, 80, 83, 115, 117, 122, 124, 137, 147, 149, 156, 165, 167, 171, 175, 200, 201, 222, 228, 229, 232, 233

ジム・クーリエ
90, 122

ジム・マッキングベール
130

ジャニーヌ・ヘンデル
258

ジュリアン・ブテー
63, 223

ジュリアン・ライスター
223

ジョシュア・イーグル
64

ジョン・イスナー
85, 228

ジョン・マクスウェル・クッツェー　14

ジョン・マッケンロー
9, 13, 29, 31, 42, 57, 59, 66, 75, 80, 83, 90, 115, 117, 122, 124, 126, 130, 136-139, 156, 163, 167, 175, 200, 201, 214, 228, 229, 232, 233, 248

ジョン・ヤンデル
58, 72

ジル・シモン　21, 223

スイステニス連盟　52

杉山愛　99

スタン・ワウリンカ
122, 175, 178, 222, 235, 237, 248

ステファン・エドベリ
29, 58, 65, 80, 83, 99, 115, 117, 139, 144, 151, 163, 165, 175, 183, 185, 188, 189, 191- 193, 197–201, 203, 204, 211, 237, 248

ストリング
112, 116, 118, 119, 193

セップリ・カコフスキー
34, 126

セベリン・リュティ
11–13, 99, 191, 198

セリーナ・ウィリアムズ
244

セルジー・スタコフスキ
189, 193, 204

ダイアナ・フェデラー
32, 34, 249

タイガー・ウッズ
175, 225, 244

タイブレーク
64, 84, 85, 126

ダーク・エドワード・ジフ
252

タナシ・コキナキス
92, 183, 185

ダビド・ナルバンディアン
192

ダビド・フェレール
218, 222, 223

ダブルフォルト　37

ダレン・ケーヒル
48, 191

チアゴ・アウベス　223

ツイーナー
12, 14, 139, 228, 262, 263

ティム・ヘンマン
27, 42, 59, 82, 97, 99, 233

デビスカップ
53, 65, 99, 103, 188, 191, 193, 197, 235, 237

デビッド・フォスター・ウォレス
14, 46, 262

デビッド・ベイリー　90

トニー・ゴッドシック
252, 256

トニー・ナダル
21, 27, 58, 72, 136, 138, 156, 157, 160, 161, 233

トニー・ローチ
138, 148, 191, 197, 205

トマーシュ・ベルディハ
178, 218

トミー・ハース
163, 166, 178, 223, 224, 262

トミー・ロブレド
188, 189

ドン・バッジ
163, 164

錦織圭 244

ニコライ・ダビデンコ
222

ニック・ボロテリー
61, 90

ネイト・ファーガソン
112, 116, 118, 119, 203, 206

ノバク・ジョコビッチ
12, 13, 14, 22, 29, 33, 41, 51, 69, 76, 79, 80, 83, 85, 94, 97, 99-102, 106, 114, 117, 119, 122, 124-126, 134, 140, 147, 151, 167, 179, 193, 198-201, 205, 206, 210, 211, 214, 218, 222, 228, 229, 232, 233, 244, 249, 251, 258

ハインツ・ギュンタード
38

パスカル・マリア
154, 156

バックハンドスピン 50

パット・キャッシュ
58, 144

パトリック・ラフター
123, 191

ハーフボレー 11-14

パブロフ
18, 20, 21, 26, 30

ピエール・パガニーニ
92, 93, 97, 99, 102, 106

ビクトリア・アザレンカ
76

ピーター・カーター
35, 46, 48, 49, 52, 53, 56, 61, 64, 65, 126, 191, 192, 197

ピーター・ラングレン
42, 46, 52, 53, 56, 61, 75, 103, 118, 123, 126, 130, 191, 197, 205, 224, 225

ピート・サンプラス
26, 29, 53, 72, 76, 80–83, 85–87, 93, 99, 115, 117–119, 122-124, 129, 134, 136, 140, 141, 144, 145, 147, 149, 150, 156, 163, 165-167, 174-177, 182, 198, 200, 201, 203, 204, 211, 218, 220, 221, 224, 232, 237, 248

ビョルン・ボルグ
21, 29, 58, 66, 124, 141, 144-148, 156, 167, 200, 201, 218, 219, 226

ファン・カルロス・フェレーロ
138, 149

フアン・マルティン・デル・ポトロ
97, 105, 147, 178, 222, 249, 252

フィル・ミケルソン
244

フェリシアーノ・ロペス
126

フェルナンド・ゴンザレス
148

ブノワ・ペール
11, 12

プライオリティ 1
112, 116

フレッド・ペリー
163, 164

フロイド・メイウェザー
175, 244, 245, 250

ホセ・イゲラス
66, 191, 205

ボブ・カーター
48, 65

ボリス・ベッカー
13, 18, 21, 29, 40, 80, 81, 83, 115, 117, 122, 124, 126-128, 134, 139, 163, 175, 185, 192, 198, 214, 218, 229, 232, 242, 250

ポール・アナコーン
82, 148–151, 178, 188, 189, 191, 197, 205, 232

ボールトス　18, 21

マイケル・チャン
106, 122

マーク・フィリプーシス
122, 123, 126, 127

マーク・ペッチー　177

マッツ・ビランデル
53, 122, 138, 140, 219, 220, 228, 229

マデリーン・バーロッチャ
32, 34, 35, 69, 217

マニー・パッキャオ
244, 245, 250

マラト・サフィン
61, 64, 122, 138, 139, 147

マリア・シャラポワ
76, 244

マルク・ロセ
38, 63, 103, 178

マルコス・バグダティス
148

マルコ・チウディネリ
34

マルセロ・リオス　53

マルチナ・ナブラチロワ
126, 243

マルチナ・ヒンギス
38, 220

ミハイル・ユージニー
222, 223

ミルカ・フェデラー
68, 136, 156, 174, 224, 225, 237, 240, 243–245, 248, 252

ミロシュ・ラオニッチ
134, 223

メアリー・カリロ　66

ヤコブ・ラセク　38

ラファエル・ナダル
21, 22, 29, 33, 41, 50, 57–59, 66, 69, 76, 80, 83, 85, 92, 94, 96, 97, 99, 100-102, 105, 106, 114, 117, 122, 125, 126, 138, 140, 144-146, 151, 154–164, 166, 175, 177, 179, 191, 200, 201, 205, 206, 210, 214, 218, 226, 229, 233, 244, 262

リオネル・メッシ
175, 244, 245, 250

リシャール・ガスケ
58, 72, 78, 134, 193

リト・シュミードリ　34

リネット・フェデラー
32, 35, 38, 40, 65, 251, 252, 256

ルイス・オルナ　123

ルカス・アルノルド・カー
53, 63

レイトン・ヒューイット
48, 65, 122, 147, 179, 192, 222, 223

レブロン・ジェームズ
175, 244, 245

ロイ・エマーソン
163, 164

ロッド・レーバー
69, 124, 138, 139, 163, 164, 200, 201, 206

ロバート・フェデラー
31, 32, 35, 38, 145, 210, 252, 256

ロビン・セーデリング
162, 222

データリソース

Where applicable, data is correct up to the end of the 2015 season.

Official Wimbledon data from I.B.M (2015 tournament) 22-23, 36, 41, 79, 196, (2002-2015) 186; Official I.B.M. data from the four Grand Slams, from the finals that Federer won 28, 37, 41, 94-95, 100-101, 120-121, 190; Official data from the A.T.P. World Tour 29, 33, 43, 58, 62-63, 80, 83, 84-85, 114-115, 117, 124-125, 161, 164-165, 167, 179, 200-201, 205, 218, 222-223, (and other sources) 175, (and DavisCup.com) 234-235, 249, 257; Data from videographer John Yandell 50, 76-77; Data from tennis analyst Damien Saunder 54-55, 108-109; Official data from the International Tennis Federation 122, 146, 164-165, 171; Official data from Federer's 'activity' page on the A.T.P. World Tour website 128-129; Data from *Forbes* Magazine 244-245.

写真協力

Corbis 93, 157, 158-159, 172-173, 192, 230-231, 263; Getty Images 7, 10-11, 16-17, 19, 24-25, 35, 39, 43, 44-45, 47, 52, 62-63, 67, 69, 70-71, 73, 74, 76-77, 81, 86, 87, 88-89, 96, 98, 100-101, 104-105, 107, 110-111, 118, 128-129, 131, 132-133, 138, 142-143, 145, 148, 151, 152-153, 155, 160, 162, 163, 167-168, 170, 180-181, 183, 184, 188, 194-195, 196, 199, 202, 207, 208-209, 212-213, 215, 216, 221, 226, 227, 234-235, 236, 238-239, 241, 242, 244, 246-247, 254-255, 260-261; Mirrorpix 176; Roger Federer 31; Shutterstock.com 2, 15, 60, 64, 91, 103, 113, 125, 135, 219.

ロジャー・フェデラー
FEDEGRAPHICA

2016（平成28）年11月１日　初版第１刷発行
2017（平成29）年１月10日　初版第２刷発行

著　者：マーク・ホジキンソン
訳　者：鈴木 佑依子
発行者：錦織 圭之介
発行所：株式会社 東洋館出版社
　　　　〒113-0021　東京都文京区本駒込5-16-7
　　　　営業部　TEL 03-3823-9206／FAX 03-3823-9208
　　　　編集部　TEL 03-3823-9207／FAX 03-3823-9209
　　　　振　替　00180-7-96823
　　　　Ｕ Ｒ Ｌ　http://www.toyokan.co.jp

装　丁：水戸部 功

ISBN978-4-491-03236-8 ／ Printed in China